Hongguan Jingji

宏观经济学习题集

主　编　胡文静
副主编　向　艳　王璐云
参　编　潘　曦　彭子洋　胡　欣　王　鑫

西南财经大学出版社
中国·成都

图书在版编目(CIP)数据

宏观经济学习题集/胡文静主编．—成都:西南财经大学出版社，
2016.8(2020.7 重印)
ISBN 978-7-5504-2604-7

Ⅰ.①宏… Ⅱ.①胡… Ⅲ.①宏观经济学—高等学校—习题集
Ⅳ.①F015-44

中国版本图书馆 CIP 数据核字(2016)第 200744 号

宏观经济学习题集

主　编:胡文静
副主编:向　艳　王璐云

责任编辑:朱斐然
封面设计:张姗姗
责任印制:朱曼丽

出版发行	西南财经大学出版社(四川省成都市光华村街 55 号)
网　　址	http://www.bookcj.com
电子邮件	bookcj@foxmail.com
邮政编码	610074
电　　话	028-87353785
照　　排	四川胜翔数码印务设计有限公司
印　　刷	郫县犀浦印刷厂
成品尺寸	185mm×260mm
印　　张	10.75
字　　数	180 千字
版　　次	2016 年 8 月第 1 版
印　　次	2020 年 7 月第 3 次印刷
印　　数	4001—5000 册
书　　号	ISBN 978-7-5504-2604-7
定　　价	28.00 元

前 言

多年来，由我国著名的经济学家高鸿业教授主编的《西方经济学》教材，由于其内容深浅适中，理论体系完整，论述清晰而在国内各高等院校广泛使用，影响较大。有鉴于此，为了适应相关院校经济学专业基础知识的学习需要，我们在上述《西方经济学》（宏观部分）的基础上编写了这本《宏观经济学习题集》，旨在帮助学生在掌握经济学的基本理论和基础知识的同时，为其进一步的学习和深造奠定一定的经济学基础。

对应配套教材的章节顺序，每章设置了内容简介、重要概念和习题练习。我们希望读者按照如下顺序学习：首先，结合课本，利用内容简介，理解各章基本内容；其次，根据重要概念的提示，掌握经济学的基本概念和原理；最后，结合习题练习中的各项练习，巩固对知识点的理解。为了便于自学，我们对各章的习题练习，都配备了参考答案。

本书在知识内容和章节设计上主要参考了高鸿业教授主编的《西方经济学》（宏观部分）（第六版），同时，还参阅了国内外一些同类资料，借鉴了尹伯成教授、张五常教授、刘文忻教授等专家以及某些高校《西方经济学》团队的部分公开出版成果的知识内容。在此，我们对这些参考书和文献资料的作者表示深深谢意。

本习题集的编写工作是由胡文静、向艳、王璐云、彭子洋、潘曦、胡欣、王鑫等老师共同完成。西南财经大学出版社的编辑为本书的最终出版提出了很多建设性的意见，并承担了大量细致入微的编审工作，这里我们也致以诚挚的谢意。限于我们的水平，遗漏和差错在所难免，恳请读者指正。

编写组

2016 年 8 月

目　录

第一章 1 宏观经济的基本指标及其衡量

一、内容简介

（一）提纲挈领

- 国民收入核算
  - 宏观经济学的特点
  - GDP① 的概念
  - 国民收入的核算方法
    - 增值法
    - 支出法
    - 收入法
  - 经济总量的重要指标
    - 国内生产净值
    - 国民收入
    - 个人收入
    - 个人可支配收入
  - GDP 的相关概念
    - 名义 GDP 和实际 GDP
    - 潜在 GDP
    - 人均 GDP
    - GNP②
  - 国民收入的基本公式
    - 两部门经济的收入构成及储蓄——投资恒等式
    - 三部门经济的收入构成及储蓄——投资恒等式

① GDP：国内生产总值

② GNP：国民生产总值

（二）本章要点

1. 宏观经济学

宏观经济学以社会总体的经济行为及其后果为研究对象，研究的是整个社会的经济活动（而微观经济学以个体经济活动参与者，如个人、厂商、行业等为研究对象），采用总量分析法，国民收入是进行宏观分析的关键。现代西方宏观经济学在凯恩斯的《就业、利息和货币通论》1936 年出版后，才正式成为一门独立的理论经济学分支学科。

微观经济学的结论不一定适用于宏观经济学。例如，降低工资对单个厂商而言，可以减少成本，增加利润，进而扩大生产，增加工人，但如果每个厂商都降低工人工资，社会总体的消费会因收入的减少而下降，总需求的下降最终会导致生产和就业的减少。

2. GDP 与 GNP

前者是一个地域概念，后者是一个国民概念。两者的关系是：GNP = GDP + [本国生产要素在其他国家获得的收入（投资利润、劳务收入）-外国居民从本国获得的收入]。

3. 国民收入核算的两种方法：支出法和收入法

对国民收入（以 GDP 为例）的核算可用生产法、支出法和收入法，后两者较为常用。其核算的理论基础是总产出等于总收入，总产出等于总支出。

（1）支出法指经济社会（一个国家或一个地区）在一定时期内消费（C）、投资（I）、政府购买（G）以及净出口（出口 X-进口 M）等几方面支出的总和。公式如下：

$$GDP = C + I + G + (X - M)$$

（2）收入法指用要素收入即企业生产成本核算国内生产总价值。严格来说，最终产品市场价值除了生产要素收入构成的成本之外，还有间接税、折旧、公司未分配利润等内容。公式如下：

GDP = 工资 + 利息 + 租金 + 利润 + 间接税和企业转移支付 + 折旧

以上用支付法和收入法对 GDP 的核算，同样适用于 GNP。

4. 与 GDP 相关的几个概念

NDP①=GDP-折旧

NI②=NDP-企业间接税

PI③=NI-（公司所得税+社会保险税+公司未分配利润）+政府或企业给个人的转移支付+利息调整

DPI④=PI-个人所得税

5. 国民收入的基本公式

（1）两部门经济国民收入核算：消费者（家庭）和企业（厂商）

（2）三部门经济国民收入核算

（3）四部门经济国民收入核算

6. 名义 GDP 和实际 GDP

（1）名义 GDP 和实际 GDP 的概念

（2）两者之间的关系式

二、重要概念

宏观经济学　国内生产总值　国民生产总值　国民生产净值　国民收入　个人收入　可支配收入　国内生产总值平减指数　流量与存量　消费　投资　转移支付　最终产品　中间产品　绿色 GDP　人均 GDP　名义 GDP　实际 GDP

三、习题练习

（一）单项选择题

【例 1】国内生产总值是下面哪一项的市场价值？（　　）。

① NDP：国内生产净值
② NI：国民收入
③ PI：个人收入
④ DPI：个人可支配收入

A. 一年内一个经济中的所有交易

B. 一年内一个经济中交换的所有商品和劳务

C. 一年内一个经济中交换的所有最终商品和劳务

D. 一年内一个经济中生产的所有最终商品和劳务

解答：选择 D。国内生产总值（GDP）是一个国家或地区在一定时期内所生产的全部最终产品（物品和劳务）的市场价值。一般 GDP 一年进行一次统计，所以选择 D。

【例 2】下列哪一项不列入国内生产总值的核算？（　　）。

A. 出口到国外的一批货物

B. 政府给贫困家庭发放的一笔救济金

C. 经纪人为一座旧房买卖收取的一笔佣金

D. 保险公司收到一笔家庭财产保险费

解答：选择 B。出口到国外的货物，是当期所生产的产品，其价值应该计入 GDP；政府发放的救济金，属于政府转移支付，政府在发放救济金时，与当期生产的产品和劳务无关，不应计入 GDP；经纪人为一座旧房买卖收取的佣金，是其当期提供的劳务，根据 GDP 的定义，当期生产的劳务的市场价值应该计入 GDP；保险公司收到一笔家庭财产保险费，是保险公司当期提供的劳务，其价值也应该计入 GDP，所以选择 B。

【例 3】假设第 1 年即基年有当期产出为 10 000 亿元，如果第 8 年价格缩减指数翻了一倍而实际产出增加了 50%，则第 8 年的当期产出等于（　　）亿元。

A. 2 000　　　　B. 30 000

C. 40 000　　　　D. 15 000

解答：选择 B。一般用市场价值来衡量某时期的产出水平，即用当期的价格指数乘以当期的实际产出，第 8 年的价格指数比基年翻了一倍，即为基年的 2 倍，实际产出增加了 50%，即为基年的 1.5 倍，所以第 8 年的市场价值为基年的 3（2×1.5）倍，故第 8 年的产出为 $10\ 000\times3=30\ 000$，因此选择 B。

【例 4】（　　）不属于政府购买。

A. 地方政府办三所中学　　　　B. 政府给低收入者提供一笔住房补贴

C. 政府订购一批军火　　D. 政府建造办公大楼

解答：选择 B。判断政府购买和政府转移支付的一个重要标准，就是看政府在付出货币时，是否获得了产品或者劳务。政府实行等价交换获得了产品和劳务，花费的支出计入政府购买；而无偿将货币转移给他人或企业，没有获得产品和劳务，花费的支出计入政府转移支付。政府提供给低收入者的住房补贴，没有获得相应的劳务，所以不属于政府购买。

【例 5】在统计中，社会保险税的增加对（　　）项有影响。

A. 国内生产总值（GDP）　　B. 国内生产净值（NDP）

C. 国民收入（NI）　　D. 个人收入（PI）

解答：选择 D。个人收入是在国民收入的基础上减去社会保险税、公司所得税、未分配利润，加上政府转移支付，所以社会保险税的变动将影响个人收入。故而选择 D。

1. 下面不属于总支出的是（　　）。

A. 政府支出　　B. 税收

C. 净出口　　D. 投资

2. 下面不属于流量的是（　　）。

A. 出口　　B. 折旧

C. 转移支付　　D. 国家债务

3. 社会保障支付属于（　　）。

A. 政府支出　　B. 转移支付

C. 税收　　D. 消费

4. 通过以下哪项我们避免了重复记账？（　　）。

A. 剔除金融转移　　B. 计量 GDP 时使用价值增加法

C. 剔除以前生产产品的市场价值　　D. 剔除那些未涉及市场交换的商品

5. 下面不属于国民收入部分的是（　　）。

A. 租金收入　　B. 福利支付

C. 工资　　D. 利息净额

6. 下列说法中，（　　）不是国民生产总值的特征。

A. 它是用实物量测度的　　B. 它测度的是最终产品和劳务的价值

C. 客观存在只适用于给定时期　　D. 它没有计入生产过程中消耗的商品

7. 下列哪一项计入国民生产总值？（　　）。

A. 购买一辆用过的旧自行车　　B. 购买普通股票

C. 汽车制造厂买进 10 吨钢板　　D. 银行向某企业收取一笔贷款利息

8. 净投资是指（　　）。

A. 建筑费用加上设备减去存货变化的总值

B. 建筑费用加上设备减去存货变化的净值

C. 建筑费用加上设备再加上存货变化的总值

D. 建筑费用加上设备再加上存货变化再减去资本重置的总值

9. 经济学上的投资是指（　　）。

A. 企业增加一笔存货　　B. 建造一座住宅

C. 企业购买一台计算机　　D. 以上都是

10. 对政府雇员支付的报酬属于（　　）。

A. 政府支出　　B. 转移支付

C. 税收　　D. 消费

11. 实际 GDP 是通过（　　）得到的。

A. 当期 GDP 乘以 GDP 缩减指数　　B. 当期 GDP 除以 GDP 缩减指数

C. 当期 GDP 乘以基期价格　　D. 当期 GDP 除以基期价格

12. 已知某国的资本品存量在年初为 10 000 亿元，它在本年度生产了 2 500 亿元的资本品，其中资本消耗折旧是 2 000 亿元，则该国在本年度的总投资和净投资分别是（　　）。

A. 2 500 亿元和 500 亿元　　B. 12 500 亿元和 10 500 亿元

C. 2 500 亿元和 2 000 亿元　　D. 7 509 亿元和 8 000 亿元

13. 若 C=4 000 亿美元，I=700 亿美元，G=500 亿美元，X=250 亿美元，则 GDP

等于（　　）。

A. 5 450 亿美元　　B. 5 200 亿美元

C. 4 950 亿美元　　D. 4 700 亿美元

14.（　　）的说法是错误的。

A. 国内生产总值等于个人可支配收入加上折旧

B. 国内收入等于一定时期内生产要素拥有者获得的收入

C. 国内生产净值等于国内生产总值减去折旧

D. 国内收入等于国内生产净值-间接税和企业转移支付+政府补贴

15. 当实际 GDP 为 17 500 亿美元，GDP 价格缩减指数为 160%时，名义国民收入为（　　）。

A. 11 000 亿美元　　B. 15 700 亿美元

C. 28 000 亿美元　　D. 17 500 亿美元

16. GDP 不反映（　　）。

A. 卖掉以前拥有的住房时，付给房地产经纪商的佣金

B. 在游戏中赢得的 100 美元

C. 新建但未销售的住房

D. 向管道工维修管道支付的工资

17. 如果当期价格低于基期价格，那么（　　）。

A. 实际 GDP 等于名义 GDP　　B. 实际 GDP 小于名义 GDP

C. 实际 GDP 和名义 GDP 是同一回事　　D. 实际 GDP 大于名义 GDP

18. 下列各项只有（　　）不反映国民净福利。

A. 休闲的价值　　B. 污染的成本

C. 二手交易的价值　　D. 非市场收入

19. 如果个人收入为 570 美元，而个人所得税为 90 美元，消费为 430 美元，利息支付总额为 10 美元，个人储蓄为 40 美元，则个人可支配收入等于（　　）。

A. 500 美元　　B. 480 美元

C. 470 美元　　D. 400 美元

20. 如果某国的资本存量在年初为 5 000 亿美元，在本年度生产了 500 亿美元的资本品，资本耗费为 300 亿美元，那么，这个国家的资本存量到年末达到（　　）亿美元。

A. 5 800　　B. 5 200

C. 4 700　　D. 800

21.（　　）不属于要素收入，但被居民收到了。

A. 租金　　B. 银行存款利息

C. 红利　　D. 养老金

22. 净出口是指（　　）。

A. 出口加进口　　B. 全部产品无内销，均为出口

C. 出口减进口　　D. 进口减出口

23. 业主收入是指（　　）。

A. 公司收入　　B. 非公司企业收入

C. 居民收入　　D. 厂商收入

24. 实际国内生产总值反映（　　）。

A. 实物　　B. 价格

C. 实物和价格　　D. 既非实物，又非价格

25. 个人可支配收入是指从个人收入中扣除（　　）。

A. 折旧　　B. 转移支付

C. 个人所得税　　D. 间接税

26. 在一个四部门经济中，GDP 是（　　）。

A. 消费、总投资、政府购买和净出口

B. 消费、净投资、政府购买和净出口

C. 消费、总投资、政府购买和总出口

D. 工资、地租、利息、利润和折旧

27. 一国的国民生产总值小于国内生产总值，说明该国公民从外国取得的收入（　　）外国公民从该国取得的收入。

A. 大于　　　　　　　　　　　　B. 小于

C. 等于　　　　　　　　　　　　D. 可能大于也可能小于

28. 今年的名义国内生产总值大于去年的名义国内生产总值，说明（　　）。

A. 今年物价水平一定比去年高

B. 今年生产的物品和劳务的总量一定比去年增加

C. 今年的物价水平和实物产量水平一定都比去年提高

D. 今年物价水平和实物产量水平至少有一项提高

29.（　　）不是要素收入。

A. 总统薪水　　　　　　　　　　B. 股息

C. 公司对灾区的捐献　　　　　　D. 银行存款取得利息

30. 哪一本著作对宏观经济学的产生起了重要的作用？（　　）。

A. 凯恩斯的《货币论》

B. 马歇尔的《货币、信用与商业》

C. 凯恩斯的《就业、利息和货币通论》

D. 亚当·斯密的《国富论》

（二）多项选择题

【例 1】（　　）是存量。

A. 货币数量　　　　　　　　　　B. 进口额

C. 工资额　　　　　　　　　　　D. 资本量

解答：选择 AD。流量是指一定时期内发生的某种经济变量变动的数值，它是在一定的时期内测度的，其大小有时间维度；而存量则是在某一时点上测度的，其大小没有时间维度。流量来自存量，如一定的国民收入来自一定的国民财富；流量又归于存量之中，即存量只能经由流量而发生变化，如新增加的国民财富是靠新创造的国民收入来计算的。所以选择 AD。

【例 2】以下哪个选项是重要的宏观经济目标？（　　）。

A. 物价稳定　　　　　　　　　　B. 充分就业

C. 完全竞争　　D. 经济持续稳定增长

解答：选择 ABD。宏观经济重要的目标是经济持续稳定增长、充分就业、物价稳定和国际收支平衡，所以除 C 之外，ABD 均应该选择。

【例 3】GDP 如果用收入法来衡量，则它等于（　　）之和。

A. 工资　　B. 利息和租金

C. 利润　　D. 间接税

解答：选择 ABCD 。用收入法衡量 GDP，它包括各种要素的报酬（工资、利息、租金和利润）、间接税、企业转移支付和折旧。因此 ABCD 都应选择。

1.（　　）的命题正确。

A. NDP 减直接税等于 NI

B. NDP 加资本损耗（折旧）等于 GDP

C. 总投资等于净投资加折旧

D. 个人收入等于个人可支配收入加直接税

2.（　　）是流量。

A. 国民财富　　B. 国民收入

C. 工资额　　D. 进口额

3.（　　）等属于政府购买。

A. 购买军需品　　B. 购买机关办公用品

C. 社会保险　　D. 政府债券利息

4.（　　）等属于转移支付。

A. 购买办公用品　　B. 社会保险

C. 退伍军人津贴　　D. 政府债券利息

5. 国民收入等于国内生产总值减去（　　）后的余额。

A. 间接税　　B. 个人所得税

C. 公司所得税　　D. 折旧

6. 个人消费支出包括（　　）。

A. 住房　　B. 耐用消费品

C. 租房　　D. 非耐用消费品

7. 公司利润包括（　　）。

A. 租金　　B. 股息

C. 公司所得税　　D. 公司未分配利润

8. GDP 如果用支出法来衡量，则它等于（　　）之和。

A. 消费支出　　B. 投资支出

C. 政府购买支出　　D. 净出口

9. 以下哪项属于宏观经济学研究的问题？（　　）。

A. 当期国民收入是如何决定的　　B. 导致一个国家经济波动的原因

C. 影响一个国家经济增长的因素　　D. 一国国民的普遍幸福

10. 国民收入核算中几个总量之间的关系是（　　）。

A. NDP = GDP－折旧

B. GNP = GDP+国外净要素收入

C. NI = NDP－（间接税+企业转移支付）+政府补贴

D. PI = NI－（公司未分配利润+公司所得税+社会保险税）+政府转移支付

（三）辨析题

【例 1】“如果某企业用 5 台新机器替换 5 台报废的旧机器，它没有使 GDP 增加，因为机器数量未变。”这一说法对吗？

解答：错误。购买新机器属于投资行为，不管这种购买使资本存量增加还是不变。

【例 2】一个国家如果国内生产总值越大，说明这个国家的人民越富有。

解答：错误。因为：①国内生产总值反映了一个国家的经济规模和经济实力，一般来说，国内生产总值增长越快，说明其经济的运行状况越好，比如我国若干年来的情况就是如此。但国内生产总值的高低并不能反映一国的贫富。这种贫富的衡量还取决于国内生产总值与人口数量的对比。②反映一国贫富状况的指标是人均 GDP，GDP 的人均占有量才能说明人均占有的产品和劳务数量，其数量越大，表示越富有。比如我国，尽管国内生产总值很高，但人均占有量很少，所以中国还是个发展中国家。

【例 3】出于国民收入核算的需要，在按收入法核算国内生产总值时必须把折旧加进去。

解答：正确。因为：①按照国民收入核算的基本原理，一个经济在一定时期内的生产绩效是新增的价值总额，即附加值总额；但严格地讲，它并不全是新价值，因为其中包含着固定资本的转移价值。可是，为什么要把它计算进去呢？这是因为，附加值总额恰好等于最终产品和劳务的价值总额，出于核算的方便，用支出法核算出来的 GDP 中就包含了折旧的价值。真正反映经济绩效的指标应该是国内生产净值。②在按收入法核算 GDP 时，计入的是各种生产要素的报酬，折旧并不是要素的报酬，为了使收入法核算的结果与支出法核算的结果相一致，必须把折旧计入进去。况且，收入法又称为成本法，从成本的角度看，折旧是弥补资本损耗的成本。

【例 4】转移支付是政府支出的一部分，在按支出法核算国民收入时，并没有把它计算进去，那么在按收入法核算国民收入时，就不应该在个人收入中加入政府的转移支付。

解答：错误。因为：①转移支付是单方面的支出，并不发生商品和劳务的交换。从而转移支付的大小，不反映产品市场的生产情况。所以在按支出法核算国民收入时，只能计入购买商品和劳务的支出，它包括个人消费、私人投资、政府购买、国外净购买，而不能包括转移支付。②在按收入法核算国民收入时，当计算个人收入时，政府转移支付使个人的收入增加，不计入转移支付就不能正确计量个人的收入。从另一个层面看，政府转移支付的来源是政府税收，政府税收是一定时期内创造的新价值的一部分，理所当然地是 GDP 的一部分。转移支付实质上是把取之于民的新价值还之于民一部分。

【例 5】既然名义 GDP 受实际产出和物价水平的共同影响，那么一个国家的名义 GDP 增加了，就意味着实际产出和物价水平都提高了。

解答：错误。因为：①名义 GDP 是按报告期价格计算的 GDP。因为 $GDP = \sum PiQi$，所以名义 GDP 增加的因素就是各种产品的价格和产量。②当名义 GDP 增加时，意味着三种可能，即产量未变，产品价格提高了；价格未变，产量提高了；价格和产量均提高了。所以说名义 GDP 增加了，就意味着实际产出和物价水平都提高了的命题是片面的，错误的。

1. 国内生产总值核算采用的是国土原则，国民生产总值核算采用的是国民原则。（ ）

2. 实际国内生产总值与潜在国内生产总值一样，可以反映一个国家的富裕程度。（ ）

3. 按收入法核算的国内生产总值，就是把各种要素的报酬加总起来，它等于工资+利息+地租+利润。（ ）

4. 国内生产总值=国民生产总值+国外净要素收入。（ ）

5. 国内生产总值等于一个经济社会于一定时期内在市场上销售最终产品和劳务的市场价值总额。（ ）

6. 按国民收入核算方法核算的国民收入，非常全面，没有任何遗漏，既可以全面地反映一个经济社会的经济绩效，也可以反映一个经济社会的经济福利状况。（ ）

7. 国民产出的增加并不意味着个人生活水平已经提高。（ ）

8. 从理论上说，支出法核算的国民收入与收入法核算的国民收入是相等的，因为一个经济社会的收入总是等于它的支出。（ ）

9. 无论房东把房子租给别人住还是自己住，他所得到的或他本应该得到的租金总额都包括在 GDP 中。（ ）

10. 国内生产总值中包括折旧，所以不是严格意义上的新价值总额，只有国内生产净值才是严格意义上的新价值总额。（ ）

11. 政府转移支付可以导致私人支出的增加，国民收入会增加，因此在核算国内生产总值时，应计入政府转移支付。（ ）

12. 本年生产但未销售出去的最终产品的价值不应该计算在本年的国内生产总值中。（ ）

13. 折旧是总投资的一部分，既然按支出法核算国民收入时计入的是总投资（私人投资+政府投资），所以为了使收入法核算的国民收入与支出法核算的国民收入相一

致，在按收入法核算国民收入时，必须计入折旧。（ ）

14. 间接税为政府所得，企业转移支付为其他成员所得，它们不是要素的收入，但它们是生产成本，是一个经济社会新创造的价值的一部分，所以按收入法核算国民收入时也要把它们计入进去。（ ）

15. 国民收入等于各种产品产量和价格的乘积，所以无论是产量增加还是价格提高，都会导致实际国民收入的增加。（ ）

16. 实际国民收入与名义国民收入的差异，可以反映一个经济社会物价水平变动的程度。（ ）

17. 实际国民收入与潜在国民收入的差异，可以反映一个经济社会的就业状况和经济增长情况。（ ）

18. 国民收入核算中的恒等式说明，国民收入均衡时，总投资一定等于总储蓄。（ ）

19. 既然国民收入核算的结果是投资恒等于储蓄，那么在经济运行过程中投资也一定等于储蓄。（ ）

（四）问答题

1. 宏观经济学研究的主要对象是什么？

2. 单纯用 GDP 作为经济活动衡量标准有何不足？

3. 为什么政府给公务员发工资要计入 GDP，而给灾区或困难人群发的救济金不计入 GDP？

4. 说明为什么在证券市场购买债券和股票不能看作是经济学意义上的投资活动。

5. 为什么从公司债券得到的利息应计入 GDP，而人们从政府得到的公债利息不计入 GDP？

6. 下列各项是否计入 GDP？为什么？

（1）转移支付；

（2）购买一辆旧车；

（3）购买普通股票。

7. 从国民收入核算的角度，说明“GDP 快速增长，而居民可支配收入却增长缓慢”的可能性。

8. 储蓄投资恒等式为什么并不意味着计划储蓄总等于计划投资？

9. 说明储蓄—投资等式中的储蓄和投资与宏观经济均衡的投资和储蓄的区别。

10. 宏观经济学和微观经济学有什么联系和区别？为什么有些经济活动从微观看是合理的、有效的，而从宏观看却是不合理的、无效的？

11. 如果在 A、B 两国产出不变的前提下将它们合并成一个国家，分析合并前后对 GNP 总和有什么影响，并举例说明。

12. 试评述国民收入核算理论，为什么要用绿色 GDP 替代 GDP？

13. 计算国内生产总值时，为什么要把中间产品剔除在外？如果计算了这些商品，结果会如何？试解释一种能解决中间产品问题的计算方法。

14. 怎样理解产出等于收入以及产出等于支出？

（五）计算题

1. 已知：

工资：100 亿美元	间接税减津贴：10 亿美元
利息：10 亿美元	消费支出：90 亿美元
租金：30 亿美元	投资支出：60 亿美元
利润：20 亿美元	政府用于商品的支出：30 亿美元
出口额：60 亿美元	进口额：70 亿美元
政府的转移支付：5 亿美元	所得税：30 亿美元

（1）按收入法计算 GDP；

（2）按支出法计算 GDP；

（3）计算政府预算赤字；

（4）计算储蓄额；

（5）计算进出口盈亏。

2. 根据下列统计资料（见表 1-1），计算国内生产总值（GDP）、国内生产净值（NDP）、国民收入（NI）、个人收入（PI）及个人可支配收入（DPI）。

表 1-1　　　　各项统计资料表　　　　单位：亿美元

统计项目	金额
净投资	125
净出口	15
储蓄	25
资本折旧	50
政府转移支付	120
企业间接税	75
政府购买	200
社会保险金	130
个人消费支出	500
公司未分配利润	100
公司所得税	50
个人所得税	80

3. 假定某国国民收入统计资料如表 1-2 所示。

表 1-2　　　　某国国民收入统计资料表　　　　单位：亿美元

统计项目	金额
国内生产总值	4 800
总投资	800
净投资	300
消费	3 000
政府购买	960
政府预算盈余	30

试计算：

（1）国内生产净值；

（2）净出口；

（3）政府税收减去政府转移支付后的收入；

（4）个人可支配收入；

（5）个人储蓄。

4. 假设一经济社会生产5种产品，它们在1990年和1992年的产量和价格分别如表1-3所示。试计算：

（1）1990年和1992年的名义国内生产总值；

（2）如果以1990年作为基年，则1992年的实际国内生产总值为多少？

（3）计算1990—1992年的国内生产总值折算指数，1992年价格比1990年价格上升了多少？

表1-3　　5种产品1990年和1992年的产量与价格表

产品	1990年产量	1990年价格（美元）	1992年产量	1992年价格（美元）
A	25	1.50	30	1.60
B	50	7.50	60	8.00
C	40	6.00	50	7.00
D	30	5.00	35	5.50
E	60	2.00	70	2.50

5. 某地区居民总是把相当于该地区生产总值60%的部分存起来，并且不用缴税也不购买外地商品。今年该地区将总值2 000万元的汽车销往邻省，这对该地区生产总值产生了影响，请回答：

（1）该地区生产总值增加了多少？

（2）假如当地政府增加同样2 000万元购买本地汽车，是否会产生与（1）相同的结果？为什么？

（3）假如政府将2 000万元以补贴形式发给居民，该地区生产总值是否会增加？与（1）相比如何？为什么？

6. 假定GDP是6 000亿美元，个人可支配收入是5 100亿美元，政府的预算赤字是200亿美元，消费是3 800亿美元，对外贸易赤字是100亿美元。计算：

（1）储蓄（S）为多少？

（2）投资（I）的规模是多少？

（3）政府支出（G）有多大？

7. 假定一个经济体系中，消费为 1 000 亿美元，储蓄为 100 亿美元，政府支出为 300 亿美元，如果政府预算是平衡的，请计算 GDP。

8. 假设储蓄 S = 200 亿美元，预算赤字为 50 亿美元，贸易赤字为 10 亿美元，则投资为多少？

9. 若 GDP = 500 亿美元，消费 C = 350 亿美元，转移支付减去税收为 20 亿美元，投资 I = 150 亿美元，预算赤字为 120 亿美元，那么净出口为多少？若这种状况持续下去，可支配收入将发生什么变化？

第二章 2 国民收入的决定：收入—支出模型

一、内容简介

（一）提纲挈领

- 凯恩斯消费理论
  - 均衡产出（与计划总需求相等）—— 计划投资=计划储蓄
  - 消费函数：
    - 边际消费倾向 —— 边际消费倾向递减规律
    - 平均消费倾向
  - 储蓄函数

- 国民收入决定理论
  - 两部门：$y=c+i$
  - 三部门：$y=c+i+g$
  - 四部门：$y=c+i+g+(x-m)$
  - 乘数论
    - 投资乘数
    - 税收乘数
    - 政府购买支出乘数
    - 政府转移支付乘数
    - 平衡预算乘数
  - 关键：联立收入恒等式和消费函数

（二）本章要点

1. 凯恩斯消费理论

（1）均衡产出

根据需求决定产出的思想，与计划总需求相等的产出为均衡产出。

假设条件：两部门经济，价格刚性，折旧和未分配利润为0。

公式：$y = c + i$ 或 $i = s$

其中，c 表示计划消费，i 表示计划投资（非计划存货投资=实际产出-均衡产出），s 表示计划储蓄。

注意：这里 y，c，i，s 都用小写字母，代表剔除了价格变动的实际值，从而与上一章中大写字母表达的名义产出、消费和投资相区分。

（2）消费函数

①消费函数关系式

如果消费和收入之间呈线性关系，消费函数可用以下方程表示：

$$c = \alpha + \beta y$$

其中，α 表示自发支出，β 表示边际消费倾向，βy 表示收入引致消费。消费函数曲线如图 2-1 所示。

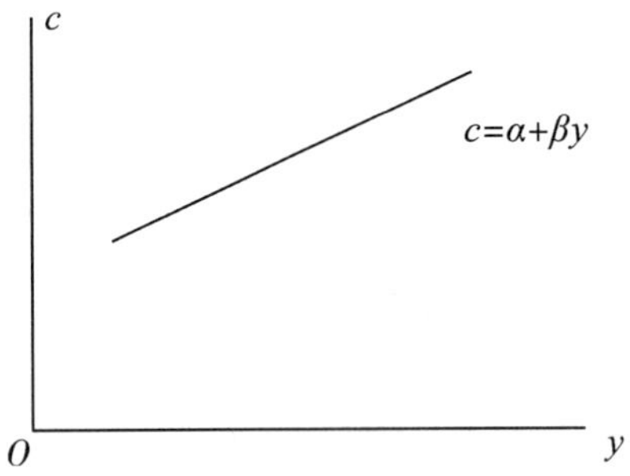

图 2-1　消费函数曲线

注意：如果抛除线假定，β 将不再是一个常数，而将随收入增加而递减，这就是边际消费倾向递减规律。

（3）边际消费倾向与平均消费倾向

①平均消费倾向 $APC=\frac{c}{y}$，指任一收入水平上消费支出所占的比例。

②边际消费倾向 $MPC=\beta=\frac{\Delta c}{\Delta y}=\frac{dc}{dy}$，表示增加的消费与增加的收入之间的比例，$0<MPC<1$。

③两者关系

因为 $APC=\frac{c}{y}=\frac{\alpha+\beta y}{y}=\frac{\alpha}{y}+\beta>\beta$。

所以 APC > MPC，且随着 y 的增加，APC 趋近于 MPC。

（4）储蓄函数

①储蓄函数关系式

由于 $y=c+s$，所以储蓄函数可以从消费函数推出

$s=y-c=y-(\alpha+\beta y)=-\alpha+(1-\beta)y$

边际储蓄倾向 $MPS=\frac{\Delta s}{\Delta y}=\frac{ds}{dy}=1-\beta$，平均储蓄倾向 $APS=\frac{s}{y}$。

可证明 APS<MPS。

②两个恒等式

$APC+APS=1$

$MPC+MPS=1$

（5）社会消费函数和社会储蓄函数

以上分析的是家户消费和储蓄函数，宏观的社会消费和储蓄函数并非家户函数的简单加总，但是考虑了种种限制条件后，社会消费函数和社会储蓄函数的曲线形状仍和家户曲线形状有很大相似之处。

2. 国民收入决定理论

（1）两部门经济

使用消费函数决定收入

假定：只有家庭和企业，投资不变

公式推导：$\begin{cases} 收入恒等式 \quad y = c + i \\ \\ 消费函数 \quad c = \alpha + \beta y \end{cases} \Rightarrow y = \dfrac{\alpha + i}{1 - \beta}$

（2）三部门经济

假定：加入政府部门；定量税，税收不随收入变化

公式推导：$\begin{cases} y = c + i + g \\ \\ c = \alpha + \beta y_d \\ \\ y_d = y - t \end{cases} \Rightarrow y = \dfrac{\alpha + i + g - \beta t}{1 - \beta}$

注意：这里的 t 指净税收 = 总税收 −政府转移支付。如果考虑 t 为总税收，则要加上转移支付 t_r，上述公式写为

$$y = \frac{\alpha + i + g + \beta t_r - \beta t}{1 - \beta}$$

3. 乘数论

（1）两部门经济

投资乘数：收入的变化与带来这种变化的投资支出变化的比率。

$$k_i = \frac{\Delta y}{\Delta i} = \frac{1}{1 - MPC} = \frac{1}{1 - \beta} \text{或者} k_i = \frac{1}{MPS}$$

推导：

①增加的投资 Δi 使得国民收入第一轮增加 Δi，然而国民收入的增加不会就此停止，新的 Δi 的收入在边际消费倾向 β 作用下，第二轮又使得国民收入增加 $\beta\Delta i$，依此类推，第三轮是 $\beta^2\Delta i$ ……有 $\Delta y = \Delta i + \beta\Delta i + \beta^2\Delta i + \cdots + \beta^{n-1}\Delta i = \Delta i(1 + \beta + \beta^2 + \cdots + \beta^{n-1})$

因为 $0<\beta<1$，等比数列求和 $1 + \beta + \beta^2 + \cdots + \beta^{n-1} = \dfrac{1}{1 - \beta}$，也就是投资乘数 k_i。

②还可以从另外一个角度考虑，均衡时收入 = 支出，那么当投资变化时，从一个均衡转化为另一个均衡，必然存在收入的变化量 Δy 等于支出变化量。如果把支出变化量分解成投资引起的直接需求 Δi 和收入变化带来的消费变化 $\beta\Delta y$，则有 $\Delta y = \Delta i + \beta\Delta y$，从而推出 $\dfrac{\Delta y}{\Delta i} = \dfrac{1}{1 - \beta} = k_i$。

③最简单的推导方式，根据消费函数决定的国民收入公式 $y=\frac{\alpha+i}{1-\beta}$，当 Δi 增加时，$y'-y=\Delta y=\frac{\Delta i}{1-\beta}$，即 $\frac{\Delta y}{\Delta i}=\frac{1}{1-\beta}=k_i$；也可以直接求微分 $\frac{dy}{di}=\frac{1}{1-\beta}=k_i$。

④同理，自发支出 α 的乘数同样也是 $\frac{1}{1-\beta}$。

（2）三部门经济

①政府购买支出乘数：收入变动对引起这种变动的政府购买支出变动比率 $k_g=\frac{1}{1-\beta}$。

②税收乘数：收入变动对引起这种变动的税收变动比率 $k_g=\frac{-\beta}{1-\beta}$，负号表示增税将导致国民收入下降。

③政府转移支付乘数：收入变动对引起这种变动的政府转移支付变动的比率 $k_{t_r}=\frac{1}{1-\beta}$。

提示：就绝对值来看，$|k_t|=|k_{t_r}|<|k_g|$，其原因在于：政府购买直接增加了总支出，而减税或者转移支付只会使可支配收入增加相应的数额，增加的可支配收入只有一部分用于消费支出。正是因为政府购买乘数大于税收乘数，因此，如果政府购买和税收等额增加，国民收入仍将增加。

④平衡预算乘数：政府收入和支出同时以相等数量增加或减少时，国民收入变动与政府收支变动的比率 $k_b=1$。

$$\Delta y=k_g\Delta g+k_t\Delta t=\frac{1}{1-\beta}\Delta g+\frac{-\beta}{1-\beta}\Delta t$$

推导：$\because \Delta g=\Delta t$，由上式可知，$\Delta y=\frac{1}{1-\beta}\Delta g+\frac{-\beta}{1-\beta}\Delta g=\Delta g=\Delta t$

即 $\frac{\Delta y}{\Delta g}=\frac{\Delta y}{\Delta t}=1=k_b$。

二、重要概念

凯恩斯定律　均衡产出　非意愿（计划）存货　消费函数　边际消费倾向　平均消费倾向　储蓄函数　边际储蓄倾向　平均储蓄倾向　乘数　投资乘数　政府购买支出乘数　税收乘数　转移支付乘数　平衡预算乘数

三、习题练习

（一）单项选择题

【例 1】政府购买乘数 k_g，税收乘数 k_t 的关系是（　　）

A. $k_g > k_t$　　B. $k_g = k_t$

C. 无法比较　　D. $k_t > k_g$

解答：选择 A。政府购买支出每增加一单位，一开始就使总支出增加一单位，从而消费增加。但减税一单位，只使可支配收入增加一单位，一单位增加收入中只有部分用于消费、部分用于储蓄，因此，减税增加的收入没有增加政府购买支出对收入的影响大。

【例 2】如果消费函数为 $c = 100+0.8(y-t)$，并且税收和政府支出同时增加 50 亿美元，则均衡收入将（　　）

A. 增加 250 亿美元　　B. 增加 50 亿美元

C. 减少 50 亿美元　　D. 保持不变

解答：选择 B。该题目考查的是对平衡预算乘数的理解。由于平衡预算乘数恒等于 1，故当税收和政府支出同时增加 50 亿元时，均衡收入也增加相同的数量，即 50 亿元。

【例 3】以下四种情况中，投资乘数最大的是（　　）

A. MPC 为 0.6　　B. MPC 为 0.1

C. MPC 为 0.8　　D. MPC 为 0.3

解答：选择 C。投资乘数的大小取决于边际消费倾向 MPC，该值越大，投资乘数越大，故本题选 C。

【例 4】在两部门经济中，如果投资增加 100 亿元，MPC 为 0.5，那么收入水平将增加（　　）

A. 150 亿元　　B. 600 亿元

C. 750 亿元　　D. 200 亿元

解答：选择 D。边际消费倾向 MPC=0.5 意味着投资乘数等于 2，那么当投资增加 100 亿元时，收入增加将是它的两倍，即 200 亿元。

1. 某家庭收入为零时，消费支出为 2 000 元；而当其收入为 6 000 元时，其消费支出为 6 000 元，在收入、消费坐标图上，消费函数呈一条直线，则其边际消费倾向为（　　）

A. 2/3　　B. 3/4

C. 4/5　　D. 1

2. 边际消费倾向和边际储蓄倾向之和等于（　　）。

A. 大于 1 的正数　　B. 小于 2 的正数

C. 0　　D. 1

3. 根据消费函数，引起消费增加的因素是（　　）。

A. 价格水平　　B. 收入增加

C. 储蓄增加　　D. 利率提高

4. 在短期内有可能大于可支配收入的是（　　）。

A. 储蓄　　B. 消费

C. 所得税　　D. 转移支付

5. 假定其他条件不变，厂商投资增加将引起（　　）。

A. 国民收入增加，但消费水平不变

B. 国民收入增加，同时消费水平提高

C. 国民收入增加，但消费水平下降

D. 国民收入增加，储蓄水平下降

6. 如果在两部门经济中，与可支配收入无关的消费为300亿元，投资为400亿元，边际储蓄倾向为0.2，那么，均衡的国民收入为（　　）。

A. 770亿元　　B. 4 300亿元

C. 3 500亿元　　D. 7 000亿元

7. 在两部门经济中，如果投资增加150亿元，MPC为0.8，那么收入水平将增加（　　）。

A. 150亿元　　B. 600亿元

C. 750亿元　　D. 450亿元

8. 三部门经济与二部门经济相比，在税收固定时，乘数效应（　　）。

A. 变大　　B. 变小

C. 不变　　D. 变大、变小或不变均可能

9. 三部门经济与二部门经济相比，在税收按收入比例征收时，乘数效应（　　）。

A. 变大　　B. 变小

C. 不变　　D. 变大、变小或不变均可能

10. 政府转移支付乘数 k_{tr} 与政府购买乘数 k_g 相比，（　　）。

A. $k_{tr}>k_g$　　B. $k_{tr}<k_g$

C. $k_{tr}=k_g$　　D. 关系不确定

11. 固定税收时，政府税收和政府购买各增加或减少相同的数额，平衡预算乘数（　　）。

A. 大于1的正数　　B. 小于1的正数

C. 等于1　　D. 等于零

12. 其他条件不变，不会使国民收入提高的是（　　）。

A. 政府国防开支增加　　B. 个人计算机出口增加

C. 消费者娱乐支出增加　　D. 公众购买的债券的增加

13. 下面哪一种情况可能使国民收入增加的最多？（　　）。

A. 政府对高速公路的护养开支增加250亿美元

B. 个人所得税减少250亿美元

C. 政府转移支付增加 250 亿美元

D. 储蓄增加 250 亿美元

14. 在收入的均衡水平上（　　）。

A. 计划支出等于计划储蓄

B. GDP 没有变动的趋势

C. 非自愿的存货积累为零

D. 以上说法都正确

15. 在二部门经济中，若现期 GDP 水平为 5 000 亿元，消费者希望从中支出 3 900 亿元消费，计划投资支出总额为 1 200 亿元，这些数据表明（　　）。

A. GDP 不在均衡水平上，将下降

B. GDP 不在均衡水平上，将上升

C. GDP 在均衡水平

D. 不确定

16. 边际消费倾向是指（　　）。

A. 在任何收入水平上，消费与收入的比率

B. 在任何收入水平上，消费变化与收入变化的比率

C. 在任何水平上，收入发生微小变化引起消费变化与收入变化的比率

D. 以上都不对

17. 边际消费倾向小于 1 意味着当前可支配收入的增加将使意愿的消费支出（　　）。

A. 增加，但幅度小于可支配收入的增加幅度

B. 有所下降，这是由于收入的增加会增加储蓄

C. 增加，幅度等于可支配收入的增加幅度

D. 保持不变，这是由于边际储蓄倾向同样小于 1

18. 下列说法正确的是（　　）。

A. 随着收入的增加，*MPC* 和 *MPS* 是递增的

B. 随着收入的增加，*APC* 和 *APS* 是递减的

C. $MPC+APC=1$

D. $MPC+MPS=1$

19. 若消费函数为 $c=\alpha+\beta y$，（α，$\beta>0$），那么 APC（　　）MPC。

A. 大于　　B. 小于

C. 等于　　D. 可能大于也可能小于

20. 如果边际储蓄倾向为 0.9，投资支出增加 90 亿元，可以预计，这将使得均衡 GDP 增加（　　）亿元。

A. 20　　B. 80

C. 180　　D. 100

21. 如果边际消费倾向为 0.9，投资支出增加 90 亿元，可以预计，这将使得均衡 GDP 增加（　　）亿元。

A. 100　　B. 80

C. 900　　D. 800

22. 投资乘数等于（　　）。

A. 投资变化除以收入的变化　　B. 收入变化除以投资变化

C. 边际消费倾向的倒数　　D.（$1-MPS$）的倒数

23. 如果消费函数为 $c=100+0.8(y-t)$，那么政府购买支出乘数为（　　）。

A. 0.8　　B. 1.25

C. 4　　D. 5

24. 如果消费函数为 $c=100+0.8(y-t)$，那么政府转移支付乘数为（　　）。

A. 0.8　　B. 1.25

C. 4　　D. 5

25. 如果消费函数为 $c=100+0.8(y-t)$，其中 T=200，那么税收乘数为（　　）。

A. 2　　B. −2

C. 4　　D. −4

26. 政府购买乘数 k_g，税收乘数 k_t 的关系是（　　）。

A. $k_g>k_t$　　B. $k_g=k_t$

C. 无法比较　　　　D. $k_t>k_g$

（二）多项选择题

【例 1】在现实生活中，被认为影响家庭消费的变量有（　　）。

A. 收入　　　　B. 商品的价格

C. 偏好　　　　D. 利率

解答：选择 ABCD。现实生活中，影响家庭消费的因素很多，如收入水平、消费者偏好、价格水平、利率水平、收入分配状况、风俗习惯等。

【例 2】简单国民收入决定理论中的假设条件包括（　　）。

A. 只有企业和消费者两个部门　　　　B. 投资为外生变量

C. 折旧和未分配利润为零　　　　D. 存在大量闲置资源

解答：选择 ABCD。在凯恩斯的消费理论中，这四点假设简化了我们的过程。特别地，假设存在大量闲置资源正是乘数发挥作用的重要前提之一。

1. 凯恩斯主义理论涉及的市场有（　　）。

A. 产品市场　　　　B. 货币市场

C. 劳动市场　　　　D. 国际市场

2. 加入政府部门后的支出乘数与（　　）有关。

A. 平均消费倾向　　　　B. 税率

C. 投资对利息率的敏感度　　　　D. 边际消费倾向

3. 关于边际消费倾向的内容错误的是（　　）。

A. 消费水平的高低会随着收入的变动而变动，收入越多，消费水平越高

B. 消费水平的高低与收入的变动无关

C. 随着人们收入的增加，消费数量的增加赶不上收入的增加

D. 随着人们收入的增加，消费数量的增加赶不上投资的增加

4. 在均衡产出水平上，（　　）。

A. 计划支出和计划产出相等　　　　B. 非计划存货投资等于零

C. 计划投资等于计划储蓄　　D. 计划存货投资等于零

5. 下列乘数中作用是双向的是（　　）。

A. 投资乘数　　B. 政府购买乘数

C. 税收乘数　　D. 平衡预算乘数

6. 在消费函数和储蓄函数关系中，（　　）。

A. $APC+APS=1$

B. $MPC+MPS=1$

C. $APC+MPC=1$

D. 如果 APC 和 MPC 随收入增加而递减，且 $APC>MPC$，则 APS 和 MPS 都随收入增加而递增，且 APS 和 MPS 都随收入增加而递增，$APS<MPS$

7. 在下列选择当中，哪些项的形成属于投资？（　　）。

A. 厂房　　B. 设备

C. 存货　　D. 个人购买债券

8. 居民消费函数的构成有（　　）。

A. 初始消费支出　　B. 边际消费倾向决定的引致消费

C. 基本的投资支出　　D. 政府的支出

9. 投资乘数的形成取决于（　　）。

A. 投资增加，就业增加，国民收入增加

B. 就业增加，国民的消费增加

C. 投资乘数大小与国民收入同方向变动

D. 投资乘数大小与国民收入反方向变动

E. 最终收入的增加是最初投资增加的倍数

10. 国民收入变动的一般规律是（　　）。

A. 投资增加，国民收入增加

B. 投资减少，国民收入减少

C. 政府支出增加，国民收入增加

D. 政府支出减少，国民收入减少

E. 消费增加，国民收入减少

（三）辨析题

【例 1】$MPC+APC=1$，$MPS+APS=1$。（ ）

解答：错误。$MPC+APC\neq1$，而 $MPC+MPS=1$，同样 $MPS+APS\neq1$，而 $APC+APS=1$。

【例 2】*MPS* 和 *APS* 有可能大于零，有可能小于零，也有可能等于零，且 $APS>MPS$。（ ）

解答：错误。因为 *MPS* 是消费的增量在收入增量中所占的比重，所以其取值范围在 0 到 1 之间；而 *APS* 有可能大于 0，有可能等于 0，也有可能小于 0。$APS>MPS$ 是错误的，根据边际消费倾向的概念，$MPS>APS$。

1. 如果边际消费倾向为正，那么边际储蓄倾向就为负。（ ）
2. 在消费函数存在正截距时，如果边际消费倾向不变，平均消费倾向递减。（ ）
3. 平均消费倾向总是大于 0 而小于 1。（ ）
4. 当可支配收入为零时，居民的消费支出一定也是零。（ ）
5. 在均衡产出水平上，企业中非意愿存货投资小于零。（ ）
6. 固定税收乘数与政府转移支付乘数完全相同。（ ）
7. 政府增加转移支付将增加国内生产总值。（ ）
8. 所得税税率提高，国内生产总值增加。（ ）
9. 对外开放加快了我国经济发展，因而对外贸易乘数大于投资乘数。（ ）
10. 实际产出为多少，均衡产出就是多少。（ ）
11. 在均衡产出水平上，计划存货投资和非计划存货投资都必然为零。（ ）
12. *MPC* 和 *MPS* 都随收入的增加而递减，而 *APC* 和 *APS* 随收入的增加而递增。（ ）
13. *MPC* 和 *APC* 的取值范围都是在 0 到 1 之间，且 $APC>MPC$。（ ）

（四）问答题

1. 凯恩斯收入决定理论的假设条件是什么？

2. 论述凯恩斯的边际消费递减规律与经济稳定性之间的关系。

3. 乘数原理的作用条件有哪些？

4. 能否说边际消费倾向和平均消费倾向总是大于0而小于1的？

5. 预期收入的变化与当年收入变化对消费的影响是否相同？

6. 凯恩斯为什么关注短期？

7. 有时候一些西方经济学家断言，将一部分国民收入从富有者转给贫穷者，将提高总收入水平，你认为他们的理由是什么？

（五）计算题

1. 设某经济社会的消费函数为 $c=100+0.8y$，投资为50（单位：亿元）。

试计算：

（1）均衡国民收入、消费和储蓄。

（2）当投资增至100，试求增加的收入。

（3）若消费函数变为 $c=100+0.9y$，其他条件不变，求增加的收入。

（4）消费函数变动后，乘数有何变化。

2. 假设某经济社会的消费函数为 $c=100+0.8yd$，投资 $i=50$，政府购买性支出 $g=200$，政府转移支付 $tr=62.5$，税收 $t=250$（单位：亿元）。

试计算：

（1）均衡国民收入。

（2）求投资乘数、政府购买乘数、转移支付乘数、税收乘数和平衡预算乘数。

（3）假设社会达到充分就业所需要的国民收入为1 200，试问：增加政府购买、减少税收、增加政府购买和税收同一数额实现充分就业，各需多少？

3. 假设某经济社会的消费函数为 $c=50+0.8yd$，投资 $i=150$，政府购买性支出 $g=200$，政府转移支付 $tr=100$，税收 $t=0.35y$（单位：亿元）。

试计算：

（1）均衡国民收入。

（2）预算盈余 BS。

（3）假设 t 降至 0.15，那么新的均衡收入为多少？

（4）当边际消费倾向变为 0.9，其他条件不变时，预算盈余是变大还是变小？

（六）作图题

三部门经济条件下的国民收入有哪些影响因素？用图线表明各影响因素的影响过程和结果。

第三章

3 国民收入的决定：IS-LM 模型

一、内容简介

（一）提纲挈领

- 产品市场和货币市场的一般均衡
  - 投资
    - 利率
      - 货币需求（$L=L_1+L_2$）
        - 交易动机
        - 谨慎动机
        - 投机动机（流动偏好陷阱）
      - 货币供给（m）
    - 预期收益
      - 资本的边际效率（MEC）
      - 重置成本或资产的供给价格
  - IS-LM 模型
    - IS 曲线 $r=\frac{a+e}{d}-\frac{1-b}{d}y$
      - IS 曲线推导
      - IS 曲线移动
    - LM 曲线 $r=\frac{k}{h}y-\frac{m}{h}$
      - LM 曲线推导
      - LM 曲线移动
  - IS-LM 分析
    - 均衡状态
    - 四区域非均衡状态

（二）本章要点

1. 投资的决定

经济学中所讲的投资是指资本的形成，即社会实际资本的增加，包括厂房、设备和存货的增加，新住宅的建筑等，其中主要是厂房、设备的增加。在西方国家，人们购买证券、土地和其他财产都被说成投资，但在经济学中，这些都不能算是投资，而只是资产权的转移。决定投资的因素有很多，主要的因素有实际利率水平、预期收益率和投资风险等。

一项投资是否可行，首先要对成本和收益进行比较。由于用于投资的资金多半来源于外借，利息可视为其成本，而预期利润率可视作收益。当前者小于后者时，投资是可行的；当投资预期利润率固定时，投资需求就与利率成反向变动关系。这种关系称为投资函数，可写作 $i=i(r)$。一般而言，假定投资需求与利率存在线性关系，即 $i=e-dr$。其中，e 为自主投资，d 为利率对投资需求的影响系数。

2. IS 曲线

（1）IS 曲线的含义及推导。

在两部门经济中，均衡条件为：$y=c+i$，$c=a+by$，$i=e-dr$，或者 $i=s$，$i=e-dr$，$s=-a+(1-b)y$。推导出 IS 表达式为 $r=\frac{a+e}{d}-\frac{1-b}{d}y$ 或者 $y=\frac{a+e}{1-b}-\frac{d}{1-b}r$。

可见，均衡国民收入与利率间存在反方向变化的关系。以 r 为纵轴，y 为横轴所画出的 IS 曲线是由左向右下倾斜的，IS 曲线是描述满足产品市场均衡条件（即总需求等于总供给）的利率和收入关系的曲线。

（2）IS 曲线的斜率。

在两部门经济中，由 $r=\frac{a+e}{d}-\frac{1-b}{d}y$，可看出，IS 曲线的斜率为 $\frac{1-b}{d}$。IS 曲线斜率的大小，即利率变动对国民收入的影响程度，取决于两个因素：①利率对投资需求的影响系数 d。②边际消费倾向 b。d 一定时，b 越大，IS 曲线斜率绝对值越小，IS 曲线越平缓，利率变动对国民收入的影响越大。

（3）IS 曲线的移动。

在两部门经济社会中，如果投资函数或者储蓄函数变动，IS 曲线就会变动。①投资需求变动。如果由于种种原因（例如，投资边际效率提高，或出现了技术创新，或企业家对经济前景预期乐观等），在同样利率水平上投资需求增加了，IS 曲线就会向右上方移动，其向右移动量等于投资需求曲线的移动量乘以乘数。反之，若投资需求下降，则 IS 曲线向左移动。②储蓄函数变动。如果人们的储蓄意愿增加了，则储蓄曲线会向左移动；如果投资需求不变，则同样的投资水平现在要求有的均衡收入水平就要下降。因为同样的这点储蓄，现在只要有较低的收入就可以提供出来了，因此 IS 曲线会向左移动，其移动量等于储蓄增量乘以乘数。反之，若储蓄意愿减少，则 IS 曲线向右移动。

如果考虑更多的经济部门，i、g、s、t 中任何一条曲线的移动或几条曲线同时移动，都会引起 IS 曲线移动，如果考虑到开放经济情况，则进出口的变动同样会引起 IS 曲线的移动。

3. 利率的决定

（1）货币需求函数。

凯恩斯认为人们出于交易动机、预防动机和投机动机而需要持有货币。货币的交易需求和预防需求与收入成正比，即 $L_1 = ky$；投机需求与利率成反比，即 $L_2 = -hr$。由于有价证券市场价格与利率成反比，因此，货币需求函数可写作：$L = L_1 + L_2 = ky - hr$（L、L_1、L_2 代表对货币的实际需求）。

在投机需求中，凯恩斯假定了人们持有财富的形式只能有两种形式：货币形式和有价证券（股票和债券）形式。预期利率上升，证券的预期收益减少；证券价格下降，人们更多持有货币。

当利率极低时，人们预期利率只升不跌，有价证券价格只跌不升，因而会将所持的有价证券全部换成货币，即对货币投机需求无限大，这种情况被称作“流动性偏好陷阱”。

（2）货币供给。

狭义的货币供给指一个国家在某一时点上所保持的不属于政府和银行的通货加上银行的活期存款。在此定义下，货币供给量可视为外生变量，由国家货币政策加以调节。

（3）货币供求均衡与利率的决定。

以横轴表示货币供给量，纵轴表示利率，货币需求曲线由左上向右下倾斜，货币供给曲线则垂直于横轴。两曲线交点决定了利率和均衡水平，即当货币需求等于货币供给时，货币市场达到均衡状态。

4. LM 曲线

（1）LM 曲线的含义及推导。

LM 曲线是描述满足货币市场均衡条件（货币需求等于货币供给）的利率与收入关系的曲线。假定 m 代表实际货币供给量，M 代表名义货币供给量，P 代表物价水平，货币市场均衡条件为：$m=\frac{M}{P}=L=ky-hr$，推导出 LM 曲线的表达式 $y=\frac{hr}{k}+\frac{m}{k}$ 或 $r=\frac{k}{h}y-\frac{m}{h}$。以 y 为横轴，r 为纵轴所画的 LM 曲线是由左下向右上倾斜的。

（2）LM 曲线的斜率。

由 $r=\frac{k}{h}y-\frac{m}{h}$ 可看出 LM 曲线的斜率为 $\frac{k}{h}$。LM 曲线斜率的大小取决于以下两个因素：①货币需求对收入的敏感系数 k。h 一定时，k 越大，LM 曲线的斜率越大，LM 曲线越陡峭。②货币需求对利率的敏感系数 h。k 一定时，h 越大，LM 曲线的斜率越小，LM 曲线越平缓。一般情况下，LM 曲线斜率为正值，LM 曲线由左下向右上倾斜，这一区域称为中间区域，当利率下降到很低时，货币投机需求将成为无限，即 h 为无穷大，LM 曲线斜率为零，LM 曲线成为一水平线，这一区域称为凯恩斯区域。当货币的投机需求为零，即 h 为零时，LM 的斜率为无穷大，LM 曲线为竖直线，此时被称为古典区域。

（3）LM 曲线的移动。

由 LM 曲线表达式 $r=\frac{k}{h}y-\frac{m}{h}$ 可看出，只有 $\frac{m}{h}$ 的数值发生变动，LM 曲线才会移动。由于我们这里讨论的是 LM 曲线的移动，而不是 LM 曲线的转动，因此是假定 LM 曲线的斜率不变，也就是假定 k 和 h 都不变。这样，LM 曲线移动就只能是实际货币供

给量 m 在变动。而实际货币供给是由名义货币供给 M 和价格水平 P 决定的，即 $m=\frac{M}{P}$。因此，造成 LM 曲线移动的因素只能是：当名义货币供给量 M 增加或物价水平 P 下降，LM 曲线向右下方平移；反之，LM 曲线向左上方平移。其中，名义货币供给量由国家货币当局根据需要而调整。增加货币供给量属于扩张性货币政策，减少货币供应量属于紧缩性货币政策。通过 LM 曲线可清楚地看出货币政策如何影响利率和国民收入。

流动性陷阱：在凯恩斯区域，LM 为水平状态，货币投机需求无限。此时采取扩张性货币政策，不能降低利率，不能增加收入，货币政策无效，而财政政策极为有效。凯恩斯认为，20 世纪 30 年代的情况就是如此。

相反，利率上升到很高水平时，货币投机需求为零。这导致 IS 右移的扩张性财政政策只会增加利率，而 LM 右移的扩张性的货币政策则会极有效。这符合古典学派以及货币主义的观点，被称为古典区域。

5. IS-LM 分析

（1）产品市场和货币市场的一般均衡

在 IS 曲线上，有一系列使产品市场均衡的利率及收入组合点；在 LM 曲线上，有一系列使货币市场均衡的利率及收入组合点。IS 曲线与 LM 曲线交于一点，在该点上，商品市场和货币市场同时达到均衡，其数值可通过解 IS 与 LM 的联立方程得到。

（2）两个市场的失衡及调整

当收入与利率组合点位于 IS 曲线左下方时，投资大于储蓄，即 $I>S$，有超额产品需求，从而导致收入上升，组合点右移；当收入与利率组合点位于 IS 曲线右上方时，$I<S$，有超额产品供给，从而导致收入下降，组合点左移。当收入与利率组合点位于 LM 曲线左上方时，货币需求小于货币供给，即 $L<M$，有超额货币供给，从而导致利率下降，提高货币需求，组合点会下移；当收入与利率组合点位于 LM 曲线右下方时，$L>M$，有超额货币需求，从而导致利率上升，抑制货币需求，组合点会上升。这四种调整使不均衡组合点最终趋向均衡利率与均衡收入。

（3）两个市场一般均衡的调整

当 IS 曲线和 LM 曲线移动时，均衡收入和均衡利率都会发生变动。

6. 产品市场和货币市场同时均衡的数学模型

① $s = s(y)$ …………………………………………………………… 储蓄函数

② $i = i(r)$ …………………………………………………………… 投资函数

③ $y = c + i$ 或 $s = i$ …………………………………………… 产品市场均衡条件

④ $L = L_1(y) + L_2(r) = ky - hr$ ……………………………… 货币需求函数

⑤ $\frac{M}{P} = m = m_1 + m_2$ ……………………………………… 货币供给函数

⑥ $m = L$ ……………………………………………………………… 货币市场均衡条件

根据①②③可求得 IS 曲线为：

$$r = \frac{a+e}{d} - \frac{1-b}{d}y \qquad 或 \qquad y = \frac{a+e-dr}{1-b}$$

根据④⑤⑥可求得 LM 曲线为：

$$r = \frac{k}{h}y - \frac{m}{h} \qquad （或 \qquad r = \frac{k}{h}y - \frac{1}{h}\cdot\frac{M}{P}）$$

$$或 \qquad y = \frac{m}{k} + \frac{h}{k}r \qquad （或 \qquad y = \frac{1}{k}\cdot\frac{M}{P} + \frac{h}{k}r）$$

求解 IS 和 LM 的联立方程，即可求得产品市场和货币市场同时均衡的利率。

二、重要概念

投资　资本边际效率　IS 曲线　货币的交易需求　货币的投机需求　流动偏好　流动偏好陷阱（凯恩斯陷阱）　LM 曲线　IS-LM 模型

三、习题练习

（一）单项选择题

【例 1】根据凯恩斯理论，以下哪一项与收入水平相关？（　　）。

A. 投机性货币需求　　B. 流动偏好陷阱

C. 交易性货币动机　　D. 边际消费倾向

解答：选择 C。A 项投机性货币需求与利率负相关，B 项流动偏好陷阱是利率降至极低时可能出现的情况，D 项边际消费倾向则是一个比较固定的常数，只有交易性货币需求随收入的增加而增加。

【例 2】企业考虑进行一项投资，其资金的相关成本是（　　）。

A. 通货膨胀率加上实际利率　　B. 名义利率减去实际利率

C. 名义利率减去通货膨胀率　　D. 通货膨胀率减去名义利率

E. 通货膨胀率减去实际利率

解答：选择 C。考虑进行一项投资时，必须考虑资金的相关成本，而影响其成本的首要因素是实际利率水平，实际利率=名义利率-通货膨胀率。

【例 3】IS 曲线斜率表示（　　）之间的关系。

A. 利率与利率影响下的均衡收入

B. 收入与收入影响下的均衡利率

C. 商品与货币市场均衡的收入与利率

D. 政府购买与收入

解答：选择 B。IS-LM 模型以收入 y 为横轴，利率 r 为纵轴，之所以不是利率与利率影响下的均衡收入是因为对于 IS 曲线而言，主要考查产品市场。如果考查货币市场的 LM 曲线，则是利率与利率影响下的均衡收入。

【例 4】在 IS 曲线不变的情况下，货币供给量减少会引起（　　）。

A. 国民收入增加，利率下降　　B. 国民收入增加，利率上升

C. 国民收入减少，利率上升　　D. 国民收入减少，利率下降

解答：选择 C。从 IS-LM 模型可以看出货币供给量的减少会引起 LM 曲线左移，利率上升，收入下降。

【例 5】在货币市场上，（　　）。

A. 用信用卡的人越多，LM 曲线越陡

B. 如果人们不用现金购买东西，LM 曲线就是垂直的

C. 如果所有商品都接受支票，LM 曲线将是水平的

D. 如果所有商店都接受政府债券，就像接受货币那样，那么 LM 曲线是水平的

解答：选择 D。根据 LM 曲线方程 $r = \frac{k}{h}Y - \frac{m}{h}$ 可知，其倾斜程度与 k/h 有关，当 LM 曲线垂直时，LM 曲线斜率为无穷大，h 为 0。这说明此时货币的投机需求为 0，而 A、B 选项人们用信用卡购物或者不用现金购物，主要影响的是交易需求，都与投机性需求无关。当 LM 曲线水平时，LM 曲线斜率为 0，h 无穷大，说明此时货币的投机需求无穷大，再多的货币都握在手中。C 项所有的商品都接受支票与投机需求无关，即与 LM 曲线水平无关。D 项中，如果所有商品像接受货币那样去接受政府债券，那么就意味着持有政府债券既能获得收益又具有最强的流动性和灵活性，人们对政府债券的需求就会增加，必然引起债券价格居高不下。此时，人们会觉得持有债券风险极高，会将手中的债券全部换成货币握在手中，以免债券价格下跌造成损失，因此投机需求无穷大。

1.（　　）会引起投资量增加。

A. 利率上升　　　　B. 预期的通货膨胀率上升

C. 预期的未来利润减少　　　　D. 人们对未来的预期悲观

2. 负的净投资的含义是（　　）。

A. 资本存量减少　　　　B. 损耗部分补偿

C. 损耗部分全未补偿　　　　D. 以上都是

3. 投资往往是易变的，其主要原因之一是（　　）

A. 投资很大程度上取决于企业家的预期

B. 消费需求变化得如此反复无常以至于它影响了投资

C. 政府开支代替了投资，而政府开支波动得相当剧烈

D. 利率水平波动得相当剧烈

4. 做出是否投资的决策时最困难的部分可能是（　　）。

A. 确定利率　　　　B. 预测投资将来的回报

C. 确定投资的成本　　　　D. 确定如何筹集资金来投资

5. 衰退时，厂商减少投资，原因是（　　）。

A. 收益比费用下降得快，留存盈利下降

B. 随着各家企业减少投资和存货，通过乘数效应作用国民产出下降，这进一步减少了投资的利润

C. 不能如期收回贷款的风险增加，银行不怎么愿意借出款项

D. 以上都是

6.（　　）会增加货币的谨慎（预防）需求。

A. 估计股票价格会上涨　　B. 害怕政府倒台

C. 职工减少工资　　D. 物价普遍上涨

7. 影响货币总需求的因素是（　　）。

A. 利率和收入　　B. 只有收入

C. 只有利率　　D. 流动偏好

8. 在凯恩斯的理论体系中，货币需求和货币供给函数决定（　　）。

A. 名义利率　　B. 实际利率

C. 价格水平　　D. 消费水平

9. 实际利率的增加导致（　　）。

A. 投资曲线变得陡峭　　B. 投资曲线上点沿线的移动

C. 投资的增加　　D. 投资曲线的右移

10. 当利率降得很低时，人们购买债券的风险（　　）。

A. 将变得很小　　B. 将变得很大

C. 可能变大，也可能变小　　D. 不变

11. 如果其他因素既定不变，利率降低，将引起货币的（　　）。

A. 交易需求量增加　　B. 投机需求量增加

C. 投机需求量减少　　D. 交易需求量减少

12. 假定其他因素既定不变，在非凯恩斯陷阱中，货币供给增加时，（　　）。

A. 利率将上升　　B. 利率将下降

C. 利率不变　　D. 利率可能下降也可能上升

13. 假定其他因素既定不变，在凯恩斯陷阱中，货币供给增加时，（　　）。

A. 利率将上升　　B. 利率将下降

C. 利率不变　　D. 利率可能下降也可能上升

14. 如果人们预期利率还会上升时，他们将（　　）。

A. 出售证券并持有货币　　B. 购买证券并减少他们的货币持有量

C. 期望证券价格保持不变　　D. 期望证券价格上升

15. 假设名义利率为 10%，通货膨胀率为 20%，则实际利率是（　　）。

A. 10%　　B. −10%

C. 30%　　D. −30%

16. 流动偏好陷阱暗示（　　）。

A. 货币供给是无限的

B. 货币政策在这一范围内无效

C. 任何用于交易目的的货币需求的增长将使利率降低

D. 货币投机需求是有限的

17. 货币需求曲线表明（　　）。

A. 利率越高、债券价格越低，人们预期债券价格越是会下降，因而不愿购买更多的债券

B. 利率越高、债券价格越低，人们预期债券价格回涨可能性越大，因而越愿意购买更多的债券

C. 利率越低、债券价格越高，人们为购买债券时需要的货币就越多

D. 利率越低、债券价格越高，人们预期债券价格还要上升，因而希望购买更多的债券

18. 假定货币供给不变，货币交易需求和预防需求的增加将导致货币的投机需求（　　）。

A. 增加　　B. 不变

C. 减少　　D. 不确定

19. 假定其他因素既定不变，自发投资增加时，IS 曲线将（　　）。

A. 平行向右移动　　B. 平行向左移动

C. 变得更加陡峭　　D. 变得更加平坦

20. 假定其他因素既定不变，货币供给增加时，LM 曲线将（　　）。

A. 平行向右移动　　B. 平行向左移动

C. 变得更加陡峭　　D. 变得更加平坦

21. 如果资本边际效率等其他因素不变，利率的上升将使投资量（　　）。

A. 增加　　B. 减少

C. 不变　　D. 可能增加也可能减少

22. IS 曲线上存在储蓄和投资均衡的收入和利率的组合点有（　　）。

A. 一个　　B. 无数个

C. 一个或无数个　　D. 一个或无数个都不可能

23. 一般来说，LM 曲线（　　）。

A. 斜率为正　　B. 斜率为负

C. 斜率为零　　D. 斜率可正可负

24. 引起 LM 曲线向右方移动的原因是（　　）。

A. 实际国民生产总值增加

B. 名义货币供给与物价水平同比例增加

C. 名义货币供给不变，物价水平上升

D. 名义货币供给不变，物价水平下降

25. LM 曲线最终将变得完全垂直，因为（　　）。

A. 投资不足以进一步增加收入

B. 货币需求在所有利率水平上都非常有弹性

C. 所有货币供给用于交易目的，因而进一步提高收入是不可能的

D. 全部货币供给都被要求用于投机目的，没有进一步用于提高收入的货币

26. 利率和收入的组合点出现在 IS 曲线右上方，LM 曲线左上方的区域中，则表示（　　）。

A. $I>S$，$L<M$　　B. $I>S$，$L>M$

C. $I<S$，$L<M$　　D. $I<S$，$L>M$

27. 利率和收入的组合点出现在 IS 曲线右上方，LM 曲线右下方的区域中，则表示

（　　）。

A. $I>S$，$L<M$　　B. $I>S$，$L>M$

C. $I<S$，$L<M$　　D. $I<S$，$L>M$

28. 假定货币供给量和价格水平不变，货币需求为收入和利率的函数，则收入增加时，（　　）。

A. 货币需求增加，利率上升　　B. 货币需求增加，利率下降

C. 货币需求减少，利率上升　　D. 货币需求减少，利率下降

29. 当利率水平下降时，（　　）。

A. 自发总支出减少，IS 曲线向右方移动

B. 自发总支出减少，IS 曲线向左方移动

C. 自发总支出增加，IS 曲线向左方移动

D. 自发总支出增加，IS 曲线向右方移动

30. 在 IS–LM 模型中，如果经济处于中间区域，投资增加将（　　）。

A. 增加收入，提高利率　　B. 减少收入，提高利率

C. 增加收入，降低利率　　D. 减少收入，降低利率

31. 在 IS–LM 模型中，如果经济处于中间区域，货币供给增加将（　　）。

A. 增加收入，提高利率　　B. 减少收入，提高利率

C. 增加收入，降低利率　　D. 减少收入，降低利率

32. 在 IS–LM 模型中，如果经济处于凯恩斯区域，投资增加将（　　）。

A. 增加收入，提高利率　　B. 减少收入，提高利率

C. 增加收入，降低利率　　D. 增加收入，利率不变

33. 若中央银行在增税的同时减少货币供给，则（　　）。

A. 利率必然上升　　B. 利率必然下降

C. 均衡的收入水平必然上升　　D. 均衡的收入水平必然下降

34. 如果人们突然在每一利率水平下更多地持有货币，则（　　）。

A. 货币需求曲线将向左移动　　B. LM 曲线将向左移动

C. 实际收入将下降　　D. 以上都正确

35. 货币市场和产品市场同时均衡出现于（　　）。

A. 各种收入水平和利率上

B. 一种收入水平和利率上

C. 各种收入水平和一定利率水平上

D. 一种收入水平和各种利率水平上

（二）多项选择题

【例 1】以下哪些是政府用于刺激投资的方法？（　　）。

A. 增加企业信心　　B. 降低投资成本

C. 购买积存的存货　　D. 增加借贷的可获得性

解答：选择 ABD。企业是否增加投资取决于新投资的预期收益与为购买这些资产所要求的成本之间的比较，当成本提高（减少）时，企业减少（增加）投资；当预期收益增加（减少）时，企业增加（减少）投资。A 选项，政府增加企业信心，能够提高企业对新增投资的预期收益，所以能够刺激投资；而 B、D 选项都能够降低企业投资成本，也能刺激投资；C 选项，政府购买积存存货，虽然一定程度上能够增加企业当前收益，但是会使企业意识到该产品市场需求在减少，会减少投资。

【例 2】以下哪项能使 LM 曲线产生位移？（　　）。

A. 公开市场业务　　B. 降低法定准备金

C. 通货膨胀　　D. 扩大政府购买

解答：选择 ABC。A、B 两项是央行用于控制货币供应量的货币政策工具，而 C 项意味着物价上涨，这都将会使实际货币供应量发生变化（$m=M/P$，m，M 分别代表实际货币供给和名义货币供给），这三项均会引起 LM 曲线位移。扩大政府购买是财政政策，只会引起 IS 曲线位移，与 LM 曲线无光。

【例 3】在 IS 曲线和 LM 曲线相交时，表示（　　）。

A. 计划投资与计划储蓄相等　　B. 实际货币供给与实际货币需求相等

C. 产品市场和货币市场同时达到均衡　　D. 以上都不正确

解答：选择 ABC。当 IS 曲线和 LM 曲线相交时，表示产品市场和货币市场此时同时达到了均衡，所以均衡点上同时满足产品市场的均衡条件和货币市场的均衡条件，即计划投资与计划储蓄相等，实际货币供给与实际货币需求相等。

1. 根据凯恩斯的货币理论，如果利率上升，则（　　）。

A. 货币需求不变　　B. 货币需求下降

C. 投资增加　　D. 投资减少

2. 利率既定时，货币的（　　）是收入的增函数。

A. 投机需求　　B. 需求量

C. 交易需求　　D. 预防需求

3. 收入既定时，货币的（　　）是利率的减函数。

A. 投机需求　　B. 需求量

C. 交易需求　　D. 预防需求

4（　　）将导致 IS 曲线向左移动。

A. 政府支出的增加　　B. 政府支出的减少

C. 政府税收的增加　　D. 政府税收的减少

5.（　　）将导致 IS 曲线向右移动。

A. 自发投资的增加　　B. 自发投资的减少

C. 政府税收的增加　　D. 政府税收的减少

6.（　　）将导致 LM 曲线向左移动。

A. 货币供给的增加　　B. 货币供给的减少

C. 货币投机需求的增加　　D. 货币投机需求的减少

7.（　　）将导致 LM 曲线向右移动。

A. 货币供给的增加　　B. 货币供给的减少

C. 交易和预防需求的增加　　D. 交易和预防需求的减少

8. 若经济处于 IS 曲线的右上方和 LM 曲线的右下方，则（　　）。

A. 投资大于储蓄

B. 投资小于储蓄

C. 货币供给大于货币需求

D. 货币供给小于货币需求，收入将减少，利率将上升

9. 若经济处于 IS 曲线的左下方和 LM 曲线的左上方，则（　　）。

A. 投资大于储蓄　　B. 投资小于储蓄

C. 货币供给大于货币需求　　D. 货币供给小于货币需求

10. 投资边际效率递减的原因是（　　）。

A. 投资品的价格上升　　B. 产品的价格下降

C. 销售产品的边际收益递减　　D. 产品的边际效用递减

11. 根据 IS-LM 模型，（　　）。

A. 自发总需求增加，使国民收入减少，利率上升

B. 自发总需求增加，使国民收入增加，利率上升

C. 货币量增加，使国民收入增加，利率下降

D. 货币量增加，使国民收入减少，利率下降

12. 按照凯恩斯的观点，人们需求货币，是出于（　　）。

A. 交易动机　　B. 谨慎动机

C. 不想获得利息　　D. 投机动机

13. 在“凯恩斯区域”内，（　　）。

A. 货币政策有效　　B. 财政政策有效

C. 货币政策无效　　D. 财政政策无效

14. 在“古典区域”内，（　　）。

A. 货币政策有效　　B. 财政政策有效

C. 货币政策无效　　D. 财政政策无效

15. IS 曲线和 LM 曲线相交时，表示（　　）

A. 产品市场均衡而货币市场非均衡

B. 产品市场非均衡而货币市场均衡

C. 产品市场不一定处于充分就业均衡

D. 产品市场和货币市场同时达到均衡

（三）辨析题

【例 1】IS 曲线与 LM 曲线的交点表示投资、储蓄、货币需求、货币供给这四个变量都相等。

解答：错误。IS 曲线与 LM 曲线的交点表示：投资等于储蓄，货币需求等于货币供给，产品市场和货币市场同时均衡，但这四个变量不一定都相等。

【例 2】IS 曲线与 LM 曲线的交点决定的国民收入一定等于充分就业时的国民收入。

解答：错误。IS 曲线与 LM 曲线的交点决定的国民收入可能小于、等于或者大于充分就业时的国民收入。

【例 3】交易需求形成的基本原因是货币收入与货币支出之间的非同步性。

解答：正确。货币工资的取得是某个时点问题，交易则是一段时间内的事情，为了维持货币工资取得之前的交易，必须得持有货币在手中。因此，交易需求形成的基本原因是货币收入与货币支出之间的非同步性。

【例 4】税收的增加使 IS 曲线向左移动。

解答：正确。在其他条件不变的情况下，税收的增加会减少居民消费和企业投资，而消费和投资的减少会使 IS 左移。

【例 5】交易需求增加，使交易需求曲线右移，其他条件不变时，使 LM 曲线右移。

解答：错误。交易需求增加，会使交易需求曲线左移，其他条件不变时，使 LM 曲线左移。

1. 资本的租用价格是租金，对货币资本而言，它相当于利率。（　　）

2. 资本成本包括了生产上的原材料费用、资本磨损费用和资本价格的波动。（　　）

3. 大多数经济学家都认为技术和革新是影响投资量的两个最重要的因素。（　　）

4. 对于投资来说，实际利率比资本边际效率更重要。（　　）

5. 货币并不是所有资产中最具有流动性的。（　　）

6. 活期存款和定期存款都可以方便地变为交换媒介，所以按货币分类目标应该归入 M_1 之中。（　　）

7. 凯恩斯的持币投机性动机知识在债券价格预期上涨时才适用。（　）

8. 实际货币供给的增加可以通过价格水平的提高或者是名义货币供给的增加来实现。（　）

9. 利率越低，用于投机的货币则越少。（　）

10. 私人和工商企业由于未来利率和价格的不确定性而要持有用于投机目的的货币余额。（　）

11. 由于未来证券的不确定性，人们会倾向于持有不产生利息收入的货币，而不是债券。（　）

12. IS 曲线与 LM 曲线的交点表示产品市场、货币市场和要素市场同时均衡。（　）

13. 在 IS-LM 模型中，如果经济处于中间区域，投资增加将增加收入，提高利率。（　）

14. 在凯恩斯提出的流动性陷阱中，投机的货币需求无穷小。（　）

15. 其他情况不变时，投机需求的增加，使投机需求曲线右移，使 LM 左移。（　）

16. 在其他条件不变时，货币供给的增加，使 LM 右移，国民收入增加，利率减少。（　）

17. IS 曲线与 LM 曲线的交点决定的国民收入不可能大于潜在的国民收入。（　）

18. 储蓄的增加使储蓄曲线右移，IS 曲线右移。（　）

19. 在凯恩斯区域，投资增加使国民收入增加，利率不变。（　）

20. 交易的货币需求与预防的货币需求是收入的增函数，投机的货币需求是利率的减函数。（　）

（四）问答题

1. 简述决定投资的因素。

2. 投资随着利率呈相反变化的原因，即当利率上升时，借贷成本也随之上升，从而会抑制投资。然而，企业通常利用自有资金进行投资。由于事实上没有借贷的发生，那么较高的利率会抑制投资吗？并请解释原因。(提示：假设你拥有一家企业，并且赢利，那么想象下你会把这笔利润或者用于新的投资或者购买债券，你投资于企业的决策会受到利率的影响吗?)

3. 现制定并公布明年有一个持续一年的投资税收抵免（减免）政策。

（1）这一做法对近几年（四、五年）内的投资有什么影响?

（2）假如上述政策是长期的，又有什么影响?

4. 人们对货币需求的动机有哪些？什么是“流动偏好陷阱”?

5. 试问在下列活动中持有货币的主要动机是什么?

（1）借款 5 000 元从证券商处购买高收益债券。

（2）为出国度假，从支票存款账户上转了 5 000 元购买旅行支票。

（3）本地商场在某日将手头的现金持有量增加 4 倍。

（4）你去医院看病前从储蓄账户中划转出 2 500 元到支票存款账户。

（5）在支票存款账户中存入 200 元支付水电费。

（6）兑现 20 000 元定期存单用以购买一幅名画。

6. 为什么会产生对货币的投机需求？是否每人投机的原因都相同?

7. 请结合当前实际生活，将下列各项按流动性的高低程度进行排列：

①定期存款　②可转让存单　③10 美元钞票　④收藏的邮票　⑤1 000 元人民币钞票　⑥活期存款　⑦银联信用卡　⑧郊区的一块土地

8. 凯恩斯认为均衡利率是如何决定的？其变动的原因是什么?

9. 为什么要将产品市场与货币市场联系起来说明收入的决定?

10. 简述影响 LM 曲线移动的因素有哪些?

11. 在 IS-LM 模型中，保证产品市场和货币市场可以自动维持平衡的经济机制是什么?

12. 如果产品市场和货币市场没有同时达到均衡而市场又往往能使其走向均衡或者说一般均衡，为什么还要政府干预经济生活?

（五）计算题

1. 表 3-1 反映的是一个投资项目的现金流量：

表 3-1　　　　投资项目现金流量表　　　　单位：万元

第一年年初	第二年年末	第三年年末
-500	390	200

（1）当利率为 5%时，厂商应当进行这一项目吗？

（2）当利率为 10%时，厂商应当进行这一项目吗？

（3）当利率为 15%时，厂商应当进行这一项目吗？

2. 假设一个企业是由发行股票建立的，每股所得（每股的收益）E 为 2.5 元，市场利率为 $r=20\%$，共发行了 100 000 股，厂商真实资产的置换成本为 125 000 元。

（1）求该企业的市价和 q 值；

（2）实际利率 r 从 20%降至 18%时，求该企业的市价和 q 值。

3. 假定名义货币存量为 1 000 亿元，试问价格水平下降 20%或上升 20%时，实际货币存量变为多少？

4. 在两部门经济中，若社会投资函数 $i=150-2r$，储蓄函数 $s=-50+0.2y$。求 IS 曲线的方程。

5. 假定货币需求函数 $L=0.2y-4r$，货币供给量 $m=200$。求 LM 曲线的方程。

6. 在两部门经济中，消费函数 $c=100+0.7y$，投资函数 $i=200-3r$，货币供给 $m=100$，货币需求函数 $L=0.2y-2r$。求：

（1）IS 曲线的方程与 LM 曲线的方程；

（2）产品市场和货币市场同时均衡时的收入和利率。

7. 在四部门经济中，消费函数 $c=100+0.8y_d$，投资函数 $i=200-5r$，政府购买 $g=100$，税收函数 $t=20+0.25y$，出口 $x=50$，进口函数 $m=24+0.1y$，货币供给 $m=100$，货币需求函数 $L=0.24y-2r$。求：

（1）四部门经济中 IS 曲线的方程与 LM 曲线的方程；

（2）产品市场和货币市场同时均衡时的收入和利率。

8. 设在两部门经济中，货币需求函数为 $L=0.2y-4r$，消费函数为 $c=100+0.8y$，货币供给为 200（假定价格水平为 1），投资 $i=150$。

求：（1）IS 和 LM 曲线方程；

（2）均衡收入和利率；

（3）若货币供给量增加 20，其他条件不变，则均衡收入和利率有何变化？

9. 若交易性需求为 $0.25y$，投机性需求为 $200-800r$，求：

（1）写出货币总需求函数；

（2）当利率 $r=0.1$，$y=1\ 000$ 时的货币需求量；

（3）若货币供给 $m=500$，当收入 $y=1\ 200$，可用于投机的货币是多少？

（4）当 $y=1\ 000$，货币供给 $m=410$ 时均衡利率水平为多少？

10. 设某国经济中，消费函数为 $c=0.8(1-t)y$，税率 $t=0.25$，投资函数为 $i=900-50r$，政府购买 $g=800$，货币需求为：$L=0.25y-6.25r$，实际货币供给为 $M/P=500$（假定价格水平为 1），试求：

（1）IS 曲线；

（2）LM 曲线；

（3）两个市场同时均衡的利率和收入。

11. 假定某两部门经济中 IS 的方程为 $y=1\ 250-30r$。

（1）假定货币供给为 150（假定价格水平为 1），当货币需求为 $L=0.20y-4r$ 时，LM 方程如何？两个市场同时均衡的收入和利率为多少？当货币供给量不变，但货币需求为 $L=8.75y-4r$ 时，LM 方程如何？均衡的收入为多少？

（2）当货币供给从 150 增加到 170 时，均衡收入和利率有什么变化？这些变化说明了什么？

12. 投资函数为 $i=e-dr$。试求：

（1）当 $i=250-5r$ 时，找出 r 等于 10、8、6 时的投资量（r 的单位为 1%）；

（2）若投资函数为 $i=250-10r$ 时，找出 r 等于 10、8、6 时的投资量；

（3）说明 e 的增加对投资需求曲线的影响；

(4) 若 $i=200-5r$，投资曲线将怎样变化？

13. 假定货币需求为 $L=0.2y-5r$。试求：

(1) 若名义货币供给量为 150 美元，假定价格水平为 1，求 LM 曲线；

(2) 若货币供给为 200 美元，假定价格水平为 1，求 LM 曲线；

(3) 对于 (2) 中的 LM 曲线，若 $r=10\%$，$y=1\ 100$ 美元，货币需求与供给是否平衡？若不平衡利率会怎样变动？

14. 假设一个只有家庭和企业的两部门经济中，消费 $c=100+0.8y$，投资 $i=150-6r$，货币供给 $m=150$，货币需求 $L=0.2y-4r$。求：

(1) IS 和 LM 的曲线方程；

(2) 产品市场和货币市场同时均衡时的利率和收入；

(3) 若上述两部门经济变为三部门经济，其中税收 $t=0.25y$，政府支出 $g=100$（亿美元），货币需求为 $L=0.20y-2r$，实际货币供给为 150 亿美元，求 IS、LM 的曲线及均衡利率和收入。

(六) 作图题

1. 国外经济扩张导致了我国出口增加和实际 GDP 增长，这时货币需求会出现什么样的情况？对市场利率又会产生什么样的影响？请作图分析。

2. 由于 ATM 自动柜员机和 POS 机的普及，人们发现自己出于谨慎动机的现金持有需求在减少。货币需求在每一利率水平和 GDP 水平上都下降了。由于政府还不能确定这一现象的影响，因此保持货币供给不变。这种情况下，资产变动对货币供给和需求的影响是什么？对市场利率的影响又是什么？请作图分析。

3. 假定两国只有边际消费倾向不同，A 国具有较高的边际消费倾向，B 国具有较小的边际消费倾向。

(1) 若两国的货币需求函数和货币供应都相等，简单画出该两国的 IS 和 LM 曲线，并比较和解释该两国 IS 和 LM 曲线的形状。

(2) 哪个国家货币供应的增长对改变实际产出更有效？用你在 (1) 中的图来说明。

第四章 4 国民收入的决定:总需求—总供给模型

一、内容简介

（一）提纲挈领

- AD-AS 模型
  - 总需求曲线
    - 总需求函数
    - 总需求函数及其曲线
    - 总需求曲线的移动
  - 总供给曲线
    - 古典总供给曲线的假设及形状
    - 凯恩斯总供给曲线的假设及形状
    - 常规总供给曲线的假设及形状
  - 总需求—总供给模型
    - 宏观经济短期目标
    - 总需求曲线移动后果
    - 总供给曲线移动后果

（二）本章要点

1. 总需求函数

总需求函数表示产品市场和货币市场同时达到均衡的价格水平与国民收入间的依存关系，描述这一函数的曲线称为总需求曲线。所谓总需求，是指整个经济社会在每一个价格水平下对产品和劳务的需求总量，它由消费需求、投资需求、政府支出和国外需求构成。在其他条件不变的情况下，当价格水平提高时，总需求水平就下降；当价格水平下降时，总需求水平就上升。总需求曲线向下倾斜，其机制在于：当价格水平上升时，将会同时打破产品市场和货币市场上的均衡。

在货币市场上，价格水平上升导致实际货币供给下降，从而使 LM 曲线向左移动，均衡利率水平上升，国民收入水平下降。在产品市场上，一方面，利率水平上升造成投资需求下降（即利率效应），总需求随之下降；另一方面，价格水平的上升还导致人们的财富和劳动工作实际收入水平下降以及本国出口产品相对价格的提高从而使人们的消费需求下降，本国的出口也会减少，国外需求减少，进口增加。这样，随着价格水平的上升，总需求水平就会下降。

2. 总需求曲线的斜率和移动

总需求曲线的斜率反映价格水平变动一定幅度使国民收入（或均衡支出水平）变动多少。从 IS-LM 模型分析中可知，价格水平变动引起实际货币余额变动会使 LM 移动，进而影响收入水平，而 LM 移动究竟会使均衡收入变动多少，取决于 IS 曲线和 LM 曲线的斜率。IS 曲线斜率不变时，LM 曲线越陡，则 LM 移动时收入变动就越大，从而 AD 曲线越平缓；相反，LM 曲线斜率不变时，IS 曲线越平缓（即投资需求对利率变动越敏感或边际消费倾向越大），则 LM 曲线移动时收入变动越大，从而 AD 曲线也越平缓。

政府采取扩张性财政政策，如政府支出扩大或扩张性货币政策，都会使总需求曲线向右上方移动；反之，则向左下方移动。

3. 总供给函数

总供给是经济社会的总产量（或者总产出），一般而言是由劳动力、生产性资本存量和技术决定的。宏观经济学中一般用宏观生产函数来表示产出与劳动和资本等之间的关系。

宏观生产函数可以表示为：

$$y = f(N, K)$$

其中：y 为总产出；N 为整个社会的就业水平或者就业量；K 为整个社会的资本

存量。

在宏观经济波动分析中，一般把资本存量作为外生变量处理，即：

$$y = f(N, \bar{K})$$

同时，宏观经济学假定宏观生产函数有两条重要性质：一是总产出随总就业量的增加而增加；二是由于"报酬递减规律"的作用，随着总就业量的增加，总产出按递减的比率增加。如图 4-1 所示。

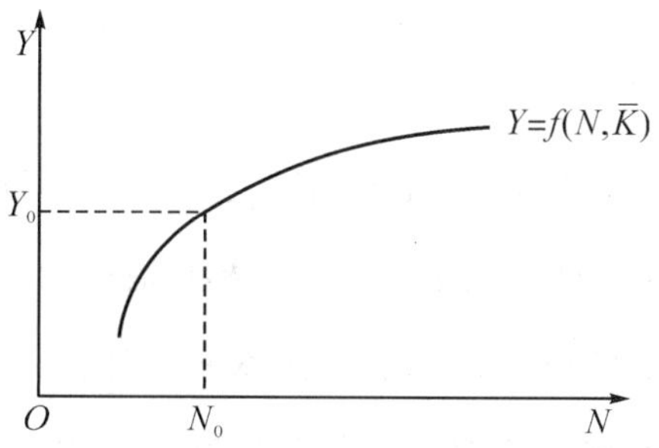

图 4-1　宏观生产函数

4. 总供给曲线

总供给曲线的斜率取决于劳动力市场对货币工资变动能作何反应的假定。对企业或劳动者来讲，重要的是实际工资而不是名义工资。实际工资是名义工资与价格水平的比率，当名义工资上升的幅度低于价格水平上升的幅度时，实际工资就会下降；反之，实际工资就会上升。如果工资和物价可以自由变化，那么，就业量的决定就完全独立于价格水平的变化。因为物价上升时，名义工资水平就会同比例上升，劳动力市场将恢复到原来的均衡，就业量也恢复到原来的水平。这样，就业量就不随物价水平的变化而变化，从而总产出也不随价格水平的变化而变化。因此，当价格水平具有完全的伸缩性时，实际产出量主要由潜在产出决定，不受价格水平的影响。总供给曲线是一条位于充分就业产出水平的垂线，可称它为长期总供给曲线，或古典总供给曲线。

当名义工资具有向下的刚性时，总供给曲线就是一条向右上方倾斜的曲线。这时，现实经济中即使存在失业，工资水平也不会下降；但当劳动力处于过度需求状况时，工资却可向上调整。这样，在刚性的名义工资水平下，如果物价上升，实际工资水平就会下降，劳动力需求就会扩大，经济的就业量和总产出就会增加，总供给曲线就会向上倾斜。总产出随着价格水平的提高而提高。可把这条供给曲线称为短期总供给曲线，或凯恩斯主义供给曲线。随着价格水平的上升，对劳动力需求增加，劳动力市场上的失业率逐渐减少。当劳动力市场达到充分就业状态时，价格水平的上升就会导致对劳动力的过度需求，这样，名义工资就会随物价同比例上升，使就业量始终维持在充分就业水平，从而物价水平上升时，产出也始终保持在充分就业的产出水平上。经济的总供给曲线在短期内向右上方倾斜，在长期就变为一条位于充分就业产出水平上的垂直线。

5. 总供给、总需求与价格水平

当经济的总供给等于总需求时，经济就决定了这一时期的实际产出、就业水平、利率水平和价格水平。在古典的总供给—总需求模型中，总供给曲线是一条垂直线，价格水平的变化不影响经济的就业量和总产出水平。任何由于总需求或总供给的波动而造成的总供给与总需求不相等，理论上都可通过价格水平的变化使经济恢复到原先的均衡，而不需要任何经济政策。例如，由于货币供给量的扩大（或者政府支出增加，出口增加等)，经济的总需求曲线向右移动。这样，在原来的价格水平下，经济的总需求就超过了总供给，价格水平即上升。在需求方面，随着价格水平上升，货币市场上实际货币供给开始减少，利率水平上升；投资缩减，总需求开始减少。总需求与总供给的差距也开始缩小。只要总需求还大于总供给，价格水平就持续上涨，直到总供给等于总需求。结果，价格水平与货币供给量同比率增加，利率、总产出、就业量以及总需求都恢复到原来的水平。

当经济的非均衡来自供给方面的波动时，如石油供给的减少，总供给曲线会向左移动，造成经济在原有的价格水平下总需求超过总供给。只要总供给不随价格水平的变化而调整，价格水平就持续上升直到总需求重新等于总供给。结果，总产出与就业水平下降，价格水平、利率上升，总需求量下降。

在凯恩斯主义的总供给—总需求模型中，供给曲线由于名义工资的向下刚性而向上倾斜，就业量和产出水平都会随价格水平的变化而变化。当总需求扩大时，实际工资的下降就会增加就业量从而扩大产出。

二、重要概念

总需求 总需求函数 总需求曲线 利率效应 总供给 总需求—总供给模型

三、习题练习

（一）单项选择题

【例 1】在总需求与总供给的长期均衡中，总需求增加会引起（ ）。

A. 国民收入不变，价格水平上升　　B. 国民收入增加，价格水平不变

C. 国民收入减少，价格水平上升　　D. 国民收入不变，价格水平上升

解答：选择 A。长期供给曲线是一条垂直线，当总需求增加后，国民收入不变，仅带来价格的上涨。

【例 2】能够使总需求曲线右移的是（ ）。

A. 实际货币供给的增加　　B. 价格水平的下降

C. 政府税收的增加　　D. 政府支出的增加

解答：选择 D。总需求由消费需求、投资需求、政府需求和国外需求构成。总需求曲线右移，表示总需求增加，因此选 D。

1. 下面哪一项是潜在产出的长期决定因素？（ ）。

A. 政府的收入与支出水平　　B. 货币

C. 技术　　D. 对过分增长的工资罚以重税

2. 增加国防开支而无相应的增税措施，将会引起（ ）。

A. 价格上涨和 GDP 上升　　B. 价格上涨和 GDP 下降

C. 价格下降和 GDP 下降　　D. 价格下降和 GDP 上升

3. 宏观经济学的传统观念可能会反对以下哪种说法？（ ）。

A. 工资和价格对失衡可以有迅速的反应

B. 当产出达到充分就业水平时，总供给曲线是垂直的

C. 积极地改变总需求的政策只会影响价格，但不会影响产出和就业

D. 非自愿失业是一种经常有的状态

4. 总需求曲线向右下方倾斜是由于（　　）。

A. 价格水平上升时，投资会减少

B. 价格水平上升时，人们的财富会减少

C. 价格水平上升时，人们的税负会增加

D. 以上几个说法都对

5. 古典总供给曲线垂直是因为（　　）。

A. 总供给中单个产品的供给弹性都为零

B. 总供给中单个产品的供给曲线都垂直

C. 宏观生产函数是稳定的

D. 劳动市场是出清的

6. 总供给曲线倾斜的原因可能是（　　）。

A. 劳动力供给立即对劳动力需求的变化做出调整

B. 劳动力需求立即对劳动力供给的变化做出调整

C. 劳动力需求立即对价格水平的变化做出调整，但劳动力供给却不受影响

D. 劳动力供给立即对价格水平的变化做出调整，但劳动力需求却不受影响

7. 非自愿失业的存在（　　）。

A. 是由于工资面对劳动市场过量的需求时没有提高

B. 是由于工资面临劳动市场过量的供给时没有降低

C. 也被古典经济学家所承认

D. 对整个经济的影响无足轻重

8. 假定经济实现充分就业，总供给曲线是垂直线，减税将（　　）。

A. 提高价格水平和实际产出

B. 提高价格水平但不影响实际产出

C. 提高实际产出但不影响价格水平

D. 对价格和产出水平均无影响

9.“长期”总供给曲线的“长期”（　　）。

A. 是就资本存量是否可变而言的

B. 是就技术水平是否可变而言的

C. 是就劳动力市场能否对价格水平变化做出适应性调整而言的

D. 是就日历时间的长短而言的

10. 潜在产量就是（　　）。

A. 不受价格水平变化影响的产量

B. 是潜在的但不可能实现的产量

C. 是确定的而非可以改变的产量

D. 可以被财政或货币政策改变的产量

11. 在常规总供给曲线的情形下，实际产出接近充分就业的水平，总需求的增加将会使（　　）。

A. 产出和价格都有明显的提高

B. 产出和价格都无明显的变化

C. 产出增加较多，价格无太大变化

D. 价格提高较多，产出无太大变化

12. 严重依赖国际市场的某种原材料的价格上涨，将会使（　　）。

A. 产出增加，价格下降　　B. 产出增加，价格提高

C. 产出减少，价格下降　　D. 产出减少，价格提高

13. 其他条件不变，突破性的技术进步最终将会使（　　）。

A. 产出增加，价格提高　　B. 产出增加，价格下降

C. 产出减少，价格提高　　D. 产出减少，价格下降

14. 总需求曲线是表明（　　）。

A. 产品市场达到均衡时，总需求与价格水平之间的关系

B. 货币市场达到均衡时，总需求与价格水平之间的关系

C. 产品市场和货币市场达到均衡时，收入与利率之间的关系

D. 产品市场和货币市场达到均衡时，总需求与价格水平之间的关系

15. 总需求曲线 AD 是一条（　　）。

A. 向右下方倾斜的曲线　　B. 向右上方倾斜的曲线

C. 水平的直线　　D. 垂直的直线

16. 总需求曲线（　　）。

A. 当其他条件不变时，政府支出减少时会右移

B. 当其他条件不变时，价格水平上升时会右移

C. 当其他条件不变时，税收减少时会左移

D. 当其他条件不变时，名义货币供给增加时会右移

17. 扩张性财政政策对总需求的影响是（　　）。

A. 同一价格水平对应的总需求增加

B. 同一总需求水平对应的价格提高

C. 价格水平下降，总需求增加

D. 价格水平提高，总需求减少

18. 扩张性货币政策的效应是（　　）。

A. 价格水平提高　　B. 总需求增加

C. 同一价格水平上的总需求增加　　D. 价格水平下降，总需求增加

19. 以价格为纵轴，收入为横轴的坐标系中，长期供给曲线是一条（　　）。

A. 与横轴平行的线　　B. 向右上方倾斜的曲线

C. 向右下方倾斜的曲线　　D. 与横轴垂直的线

20. 长期总供给曲线表示（　　）。

A. 经济中的资源还没有得到充分利用

B. 经济中的资源已得到充分利用

C. 在价格不变时，总供给可以无限增加

D. 经济中存在着严重的失业

21. 短期总供给曲线表明（　　）。

A. 总需求与价格水平同方向变动

B. 总需求与价格水平反方向变动

C. 总供给与价格水平同方向变动

D. 总供给与价格水平反方向变动

22. 在总需求和总供给的短期均衡中，总需求的减少会引起（　　）。

A. 国民收入增加，价格水平上升

B. 国民收入增加，价格水平下降

C. 国民收入减少，价格水平上升

D. 国民收入减少，价格水平下降

23. 在总需求不变时，短期总供给的增加会引起（　　）。

A. 国民收入增加，价格水平上升

B. 国民收入增加，价格水平下降

C. 国民收入减少，价格水平上升

D. 国民收入减少，价格水平下降

24. 在总需求—总供给模型中，若总需求的变动只引起价格水平的变动，不会引起收入变动，那么这时的总供给曲线是（　　）。

A. 长期总供给曲线　　B. 短期总供给曲线

C. 都有可能　　D. 都不可能

（二）辨析题

【例 1】总供求模型是微观供求模型的简单放大。

解答：错误。总供给曲线的形状可由单个产品供给曲线的形状直接推得，但总需求曲线的形状与单个产品需求曲线的形状则无必然联系。单个产品的需求量与其价格反向变化，是因为边际效用递减；而总需求量与价格水平反向变化，则是由于利率效应、实际余额效应等方面的原因。另外，微观供求模型中价格与总供求模型中的价格也有不同，后者是前者的加权平均。

【例 2】单个产品的价格变化对其供给量的长期影响要比短期的大。宏观供求模型中，价格水平对总供给的影响亦如此。

解答：错误。就单个产品的供给曲线而言，由于弹性的完全释放需要一定的时间，时间越长，弹性释放越充分，价格对供给量的长期影响就比短期的大。宏观的总供给曲线恰好相反：它在短期向右上方倾斜，在长期却变得垂直。也就是说，在短期，价格水平的变化可以改变总供给的水平；但在长期却不能。

【例 3】完全竞争的一般均衡是一种十分理想的状态，总供给与总需求均衡时亦如此。

解答：错误。在完全竞争的一般均衡状态，消费者实现了效用的最大化，厂商实现了利润的最大化，资源配置的效率达到最高，经济处于充分就业状态。因此，完全竞争的一般均衡是一种十分理想的状态，此时政府的干预也被认为是不必要的，甚至是有害的。但在总供给曲线与总需求曲线的交叉点上，虽然经济实现了总供求的均衡，但国民收入可能要低于充分就业的水平，并且存在非自愿失业。根据凯恩斯主义的说法，这种情况可以由劳动市场的不完全所导致。因此，要求政府积极地进行经济干预，以熨平经济波动，实现充分就业的均衡。

【例 4】主要是对劳动市场的不同理解，使得古典经济学与凯恩斯主义对总供给曲线的形状出现了不同的看法。

解答：正确。古典宏观经济理论以萨伊定律和完全竞争的市场假设为前提，其必然结论就是经济总能实现劳动力的充分就业，货币的作用是中性的，政府的财政或货币政策只能改变价格水平，而不可能使产量、就业等实际变量发生变化。因此，总供给曲线是垂直的。凯恩斯主义则认为，劳动市场是不完全的，货币工资的变化具有“刚性”或“黏性”的特征，从而劳动市场常常是非出清的，存在非自愿失业，产出也低于潜在水平，此时，扩张的财政或货币政策在使价格水平上升的同时，也促进了产出的增加。因此，凯恩斯主义者认为，起码在短期，总供给曲线是向右上倾斜的或存在向右上倾斜的部分。但在长期，凯恩斯主义者也倾向于同意总供给曲线垂直的说法，因为在长期内，一切价格都能自由地涨落，这就使经济具有达到充分就业的趋势。

1. 总需求曲线是反映总需求和利率之间关系的曲线。 (　　)

2. 总需求曲线上的点表明产品市场和货币市场同时达到均衡。 (　　)

3. 在以价格和收入为坐标的坐标系内，总需求曲线 AD 是向右下方倾斜的。

(　　)

4. 常规总供给曲线表明总供给和价格水平同方向变动。（　）

5. 向右上方倾斜的曲线被称为短期总供给曲线。（　）

6. 在价格为纵坐标，收入为横坐标的坐标系中，水平的直线被称为古典总供给曲线。（　）

7. 用总需求—总供给曲线模型可以直接决定价格水平。（　）

8. 在总需求与总供给的长期均衡中，总需求增加会引起国民收入增加，价格水平上升。（　）

9. 按照总需求—总供给曲线模型，总供给减少会使国民收入减少，这种情形的总供给曲线应是长期总供给曲线。（　）

10. 需求不变时，常规总供给的增加会引起国民收入增加，价格水平下降。（　）

（三）问答题

1. 说明总需求曲线为什么向右下方倾斜。

2. 试说明主流学派经济学家是怎样用总供求分析法说明经济的“滞胀”状态的。

3. 为什么总供给曲线分为古典（长期）、凯恩斯和常规（短期）这三种类型？

（四）计算题

1. 设 IS 曲线的方程为 $r=0.415-0.000\ 018\ 5y+0.000\ 05G$，LM 曲线的方程为 $r=0.000\ 016\ 25y-0.000\ 1M/P$。式中，$r$ 为利率，y 为收入，G 为政府支出，P 为价格水平，M 为名义货币量。试导出总需求曲线，并说明名义货币量和政府支出对总需求曲线的影响。

2. 设总量生产函数 $Y=F(K,L)$，式中 Y 代表总产量，K 代表总资本量，L 代表总劳动量。试说明，如果规模收益不变，则按人口（或劳动力）平均的产量唯一取决于按人口（或劳动力）平均的资本。

3. 如果总供给曲线为 $y_s=500$，总需求曲线为 $y_d=600-50P$，

（1）求供求均衡点；

（2）如果总需求水平上升10%，求新的供求均衡点。

4. 设经济的总供给函数为$y=2\ 350+400P$，总需求函数为$y=2\ 000+750/P$，求总供给和总需求均衡时的收入和价格水平。

5. 假定某经济社会为不含政府和国外的两部门经济，且存在以下经济关系：

$y=c+i$，$L=(0.9y-900r)P$，$c=90+0.9y$，$M=900$，$i=900-900r$，$P=1$

其中，y、c、i、r、M、P分别代表产量、消费、投资、利率、货币供给和价格水平。

求：（1）均衡利率和收入；

（2）若货币供给增加，超过900，收入和利率会有什么变化？

（3）写出总需求曲线的表达式。

（五）作图题

试用图形推导总需求曲线。

第五章 5 失业与通货膨胀

一、内容简介

（一）提纲挈领

- 失业与通货膨胀
  - 失业
    - 失业率
      - 自然失业率
      - 失业的经济学解释
    - 失业的分类
      - 摩擦性的失业
      - 结构性的失业
      - 周期性的失业
    - 奥肯定律
  - 通货膨胀
    - 通货膨胀含义
    - 通货膨胀分类
    - 通货膨胀的原因
    - 通货膨胀的成本
  - 菲利普斯曲线
    - 菲利普斯曲线含义
    - 短期菲利普斯曲线及政策含义
    - 长期菲利普斯曲线及政策含义

（二）本章要点

1. 失业与充分就业

（1）失业

失业是指在一定年龄范围内，有工作能力，愿意工作并积极寻找工作而未能按当时通行的实际工资水平找到工作的人。

要注意：①年龄规定以外的无工作者不是失业者。②丧失工作能力者不计入失业者。③在校学习的不叫失业者。④由于某种原因不愿工作或不积极寻找工作的人不计入失业者。⑤有些未领取失业救济的未登记注册的无工作者，没有被计入失业者。

衡量经济中失业状况的最基本指标是失业率。失业率是指失业人数占劳动力总数的百分比，公式表示为：

$$失业率 = \frac{失业人数}{劳动力总数} \times 100\%$$

公式中的劳动力总数是指失业人数和就业人数之和。

（2）充分就业

充分就业并非人人都有工作。存在两种失业：第一，由于社会总需求不足而造成的失业叫周期性失业。第二，由于经济中某些难以克服的原因而造成的失业叫自然失业。消灭了周期性失业的就业状态就是充分就业。充分就业与自然失业的存在并不矛盾，实现了充分就业时的失业率就是自然失业率。

（3）自然失业率

自然失业率是指在没有货币因素干扰的情况下，劳动力市场和商品市场自发供求力量起作用时，总供给和总需求处于均衡状态时的失业率。所谓没有货币因素干扰，指的是失业率的高低与通货膨胀的高低之间不存在替代关系。因此，自然失业率应等于某一时点上摩擦性和结构性失业率之和。在实际统计时，用长期的平均失业率来近似地表示自然失业率。影响失业持续时间长短和失业频率高低的因素都会影响自然失业率的高低。

2. 失业的分类

自然失业是指经济中某些难以避免的原因所引起的失业，在任何动态经济中这种失业都是必然存在的。自然失业可以分为以下几种：

（1）摩擦性失业

摩擦性失业是指劳动力在正常流动过程中所产生的失业。摩擦性失业量的大小取决于劳动力流动性的大小和寻找工作所需要的时间。由于在动态经济中，劳动力的流动是正常的，所以摩擦性失业的存在也是正常的。

（2）结构性失业

结构性失业是因为对某种劳动的需求增加，而对另一种劳动的需求减少，与此同时，供给没有迅速做出调整而造成的劳动力供求不一致时产生的失业。这种情况下，往往"失业与空位"并存，即一方面存在着有工作无人做的"空位"，而另一方面又存在着有人无工作的"失业"，这是劳动力市场的结构特点造成的。

（3）周期性失业

周期性失业是指经济周期中的衰退或萧条时，引需求下降而造成的失业。

4. 奥肯定律

失业率每高于自然失业率 1 个百分点，实际 GDP 将低于潜在 GDP2 个百分点。

结论：实际 GDP 必须保持与潜在 GDP 同样快的增长，以防止失业率的上升，如果政府想让失业率下降，那么该经济社会的实际 GDP 的增长必须快于潜在 GDP 的增长。

5. 通货膨胀的含义

在宏观经济学中，通货膨胀是指一般价格水平普遍而持续的上涨。通常用价格指数作为衡量通货膨胀的指标。通货膨胀是价格水平变动的百分比。价格指数是表明某些商品的价格从一个时期到下一个时期变动程度的指数。有三种价格指数：消费价格指数、批发价格指数和国内生产总值折算指数。三种价格指数都可以反映出价格总水平的变动趋势。一般常用消费价格指数来衡量通货膨胀率。

6. 通货膨胀的分类

通货膨胀可从不同角度加以分类，按照价格上升的速度划分，可分为温和的通货膨胀、奔腾式的通货膨胀和超级通货膨胀；按照对价格影响的差别划分，可分为平衡的通货膨胀（各种商品的价格以相同的比例上升）和非平衡的通货膨胀（各种商品的价格上升比例不同）；按照对价格变动的预期划分，可分为未预期到的通货膨胀和预期到的通货膨胀。

7. 通货膨胀的成因

关于通货膨胀的原因，西方经济学家提出了种种解释，可分为三个方面：一是货币数量论的解释，这种解释强调货币在通货膨胀过程中的重要性；二是用总需求与总供给来解释，包括从需求的角度和供给的角度的解释；三是从经济结构因素变动的角度来说明通货膨胀的原因。

8. 菲利普斯曲线

定义：菲利普斯曲线是菲利普斯根据现实统计资料所给出的反映货币工资变动率与失业率之间相互关系的曲线。

货币工资增长率与失业率，两者具有负相关的函数关系，即货币工资增长率越高的时候，失业率越低；失业率越高的时候，货币工资增长率越低。因此，菲利普斯曲线自左上方向右下方倾斜。由于工资成本是产品价格的重要构成部分，从而通货膨胀率与货币工资增长率之间存在相当稳定的正比例关系（两者差额为劳动生产率的增长率）。所以，通常可以用通货膨胀率替代货币工资率来描述菲利普斯曲线：通货膨胀率越高，失业率越低；反之则相反。菲利普斯曲线如图 5-1 所示。

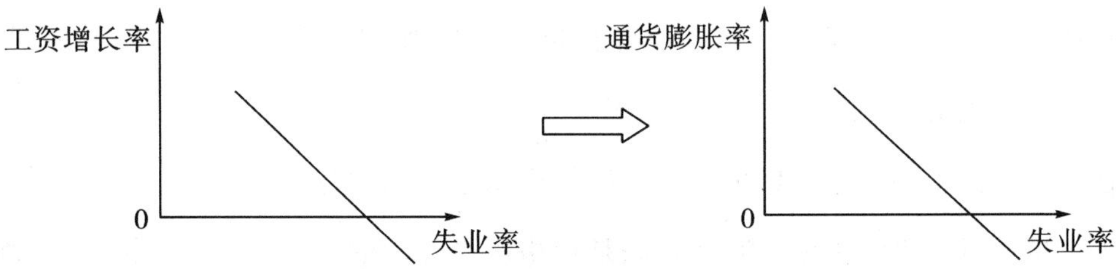

图 5-1 菲利普斯曲线

菲利普斯曲线既反映出通货膨胀与失业的替代关系，又可用于分析抑制通货膨胀的对策。在一定的时点上，政府可设置一个经济能够最大限度承受的通货膨胀与失业的界限，通过总需求管理政策把通货膨胀和失业都控制在此界限之内。当通货膨胀率过高时，可通过紧缩性的经济政策使失业率提高，以换取低通货膨胀率；当失业率过高时，采取扩张性的经济政策使通货膨胀率提高，以获得较低的失业率。

当通货膨胀成为一种持续性的长期现象时，人们对通货膨胀的预期就会使菲利普斯曲线向右上方移动，这意味着经济现在必须以更高的通货膨胀率才能换取一定的失业率。在长期，如果菲利普斯曲线不断向右移动，换取一定的失业率所需求的通货膨胀率就越来越高，最终菲利普斯曲线将成为一条垂直线，这就是长期的菲利普斯曲线。如果经济开始在一个自然失业率的水平下运行，长期菲利普斯曲线就是以自然失业率为出发点的一条垂线。长期菲利普斯曲线否认了短期失业和通货膨胀之间的替代关系；由于长期无法消除自然失业率，任何政府试图以通货膨胀来消除自然失业率的努力，其结果都是暂时的。货币主义就是持这种观点。

与菲利普斯统计英国的数据类似，美国经济学家奥肯根据美国的数据发现，如果失业率高于自然失业率 1%，则实际产出低于潜在产出 3%，这一描述增长率与失业率变化之间关系的规律称为“奥肯定律”。

二、重要概念

摩擦性失业　结构性失业　自然失业率　奥肯定律　通货膨胀　菲利普斯曲线

三、习题练习

（一）单项选择题

【例 1】假设某国家的总人口数为 3 000 万人，就业者为 1 500 万人，失业者为 500 万人，则该国的失业率为（　　）。

A. 17%　　B. 34%

C. 25%　　D. 10%

解答：选择 C。失业率 $=\dfrac{失业人数}{劳动力总数}\times 100\%$， $500/(1\ 500+500)\times 100\%=25\%$，因此选 C。

【例 2】已知充分就业的国民收入是 10 000 亿美元，实际国民收入是 9 800 亿美元，边际消费倾向是 80%，在增加 100 亿美元的投资以后，经济将发生（　　）。

A. 需求拉上的通货膨胀　　B. 成本推进的通货膨胀

C. 结构性通货膨胀　　D. 需求不足的失业

解答：选择 A。因为边际消费倾向为 80%，则投资乘数为 5，增加 100 亿元投资后，根据乘数原理，国民收入将增加 500 亿元，新国民收入为 9 800+500=10 300 亿元，大于充分就业时国民收入 10 000 亿元，投资增加，即是总需求增加，国民经济将发生需求拉上的通货膨胀。因此选 A。

1. 某计算机助理工程师不满意现在某工厂的工作环境，辞职准备去一家信息技术公司找工作，这种情况的失业属于（　　）。

A. 周期性失业　　B. 结构性失业

C. 摩擦性失业　　D. 自愿失业

2. 那些在转换工作过程中暂时失业的人构成（　　）。

A. 季节性失业　　B. 摩擦性失业

C. 结构性失业　　D. 周期性失业

3. 当经济中只存在（　　）时，该经济被认为实现了充分就业。

A. 摩擦性失业和季节性失业　　B. 摩擦性失业和结构性失业

C. 结构性失业和季节性失业　　D. 都没有

4. 由于经济衰退而形成的失业属于（　　）。

A. 摩擦性失业　　B. 结构性失业

C. 周期性失业　　D. 自然失业

5. 如果某人由于钢铁行业不景气而失去工作，这种失业属于（　　）。

A. 摩擦性失业　　B. 结构性失业

C. 周期性失业　　D. 永久性失业

6. 如果某人刚刚进入劳动力队伍尚未找到工作，这是属于（　　）。

A. 摩擦性失业　　B. 结构性失业

C. 周期性失业　　D. 永久性失业

7. 自然失业率（　　）。

A. 恒为零

B. 依赖于价格水平

C. 是经济处于潜在产出水平时的失业率

D. 是没有摩擦性失业时的失业率

8. 以下哪两种情况不可能同时发生？（　　）。

A. 结构性失业和成本推进的通货膨胀

B. 需求不足失业和需求拉上的通货膨胀

C. 摩擦性失业和需求拉上的通货膨胀

D. 失业和通货膨胀

9. 奥肯定理说明（　　）。

A. 失业率增加 1%，现实国民收入减少 2%

B. 失业率增加 1%，现实国民收入增加 2%

C. 失业率减少 1%，现实国民收入减少 2%

D. 失业率减少 2%，现实国民收入增加 1%

10. 要对付需求不足引起的失业，应该选择（　　）。

A. 财政政策和货币政策　　B. 人力政策

C. 收入政策　　D. 控制人口政策

11. 通货膨胀是（　　）。

A. 货币发行量超过流通中商品的价值量

B. 货币发行量超过流通中的黄金量

C. 货币发行量过多而引起的一般物价水平普遍持续的上涨

D. 以上都不是

12. 某一经济在 5 年中，货币增长速度为 10%，而实际国民收入增长速度为 12%，货币流通速度不变。这 5 年期间价格水平将（　　）。

A. 上升　　B. 下降

C. 不变　　D. 上下波动

13. 在下列引起通货膨胀的原因中，哪一个最可能是成本推进的通货膨胀的原因？（　　）。

A. 银行贷款的扩张
B. 预算赤字
C. 世界性商品价格的上涨
D. 投资率下降

14. 在充分就业的情况下，下列哪一因素最可能导致通货膨胀？（　　）。

A. 进口增加
B. 工资不变但劳动生产率提高
C. 出口减少
D. 政府支出不变但税收减少

15. 对付需求拉上通货膨胀的方法是（　　）。

A. 人力政策
B. 收入政策
C. 财政政策和货币政策
D. 节约能源政策

16. 已知充分就业的国民收入是 10 000 亿美元，实际的国民收入是 9 000 亿美元，在边际消费倾向为 75%的条件下，增加 100 亿美元的投资（　　）。

A. 将导致需求拉上的通货膨胀
B. 仍未能使经济消除需求不足的失业
C. 将使经济达到充分就业的国民收入水平
D. 周期性失业消除

17. （　　）可以称为温和的通货膨胀。

A. 10%之内的通货膨胀率
B. 10%～99%的通货膨胀率
C. 100%以上的通货膨胀率
D. 0%的通货膨胀率

18. 短期菲利普斯曲线说明（　　）。

A. 通货膨胀导致失业
B. 通货膨胀是由行业工会引起的
C. 通货膨胀率与失业率之间呈负相关
D. 通货膨胀率与失业率之间呈正相关

19. 长期菲利普斯曲线说明（　　）。

A. 通货膨胀和失业之间不存在相互替代关系
B. 传统菲利普斯曲线仍然有效
C. 在价格很高的情况下通货膨胀与失业之间仍有替代关系
D. 离原点越来越远

20. 一般可以用来衡量通货膨胀的物价指数是（　　）。

A. 消费者物价指数　　B. 生产物价指数

C. GDP 平减指数　　D. 以上均正确

21. 通货膨胀的主要类型有（　　）。

A. 需求拉上型　　B. 成本推进型

C. 结构型　　D. 以上均正确

22. 根据短期菲利普斯曲线，降低通货膨胀率的办法是（　　）。

A. 减少货币供给量　　B. 降低失业率

C. 提高失业率　　D. 增加财政赤字

（二）辨析题

【例 1】通货膨胀是物价持续上涨的经济现象。物价一次性或短期性下降，严格来说，不能算作通货膨胀。

解答：正确。因为通货膨胀是指一般价格水平普遍而持续的上涨，一次性或短期性下降，不能算作通货膨胀。

【例 2】货币学派认为，长期看来，通货膨胀率和失业率存在替代关系，政府可以通过货币政策降低失业率。

解答：错误。货币学派的观点是，在长期通货膨胀率和失业率不存在替代关系。

【例 3】由于国外原材料价格上升引起本国物价水平上升，此所谓结构性通货膨胀。

解答：错误。原材料价格上升引起的通货膨胀属于成本推动的通货膨胀。

【例 4】开放型经济体的通货膨胀可以由世界通货膨胀率以及开放经济部门和非开放经济部门生产增长率差异所造成。

解答：正确。开放经济部门和非开放经济部门生产增长率差异可能会导致结构性的通货膨胀。

【例 5】“通货膨胀随时随地都是一种货币现象”，这是凯恩斯学派的观点。

解答：错误。这是货币学派的著名观点。

1. 通过增加职业介绍所可减少结构性失业。（ ）

2. 摩擦性失业是一种自然失业。（ ）

3. 实行适当的经济政策可以消除摩擦性失业。（ ）

4. 某人在失业以后因就业信息不灵而暂时找不到工作，这种失业是自愿失业。（ ）

5. 只要存在失业工人，就不可能有工作空位。（ ）

6. 充分就业意味着失业率为零。（ ）

7. 没有预料到的通货膨胀有利于债务人，不利于债权人。（ ）

8. 温和的通货膨胀对生产有一定的扩张作用。（ ）

9. 假如货币供给量不变，通货膨胀不可能长久地持续下去。（ ）

10. 因不满工资待遇而不愿就业属于自愿失业。（ ）

（三）问答题

1. 造成失业的原因有哪些？

2. 通过比较说明摩擦性失业与结构性失业两者中哪个更为严重，难以在短期内缓解。

3. 菲利普斯曲线是什么？

4. 如果你的房东说："工资、公用事业及别的费用都长了，我也只能涨你的房租"，这属于需求拉上还是成本推进的通货膨胀？如果店主说："可以提价，别愁卖不了，店门口排队争购的多着哪！"这又是属于什么类型的通货膨胀？

5. 造成通货膨胀的原因是什么？

6. 图 5-2 为某一经济社会的菲利普斯曲线，预期通货膨胀率为 0，自然失业率为 5%，试回答下列问题：

（1）为了降低失业率（即从 A 点移向 B 点），政府应采取怎样的宏观经济政策？

（2）假设该地区发生自然灾害，农业受到严重影响，物价水平和失业率将有何变化？（原来的位置 B 点）

（3）如果政府增加开支，物价水平和失业率将有何变化？（原来的位置为 B 点）

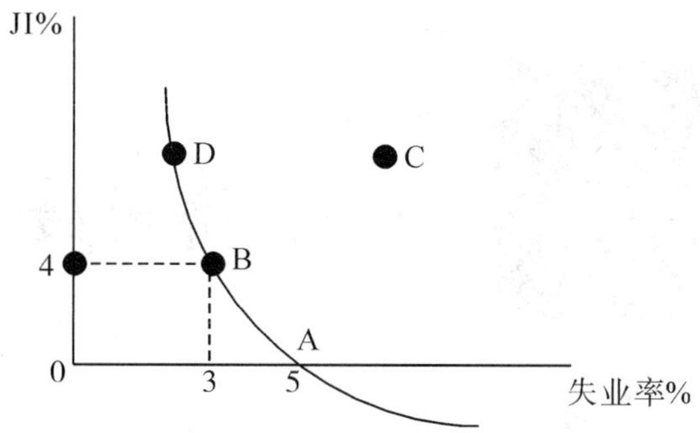

图 5-2　菲利普斯曲线

（四）计算题

1. 某国的情况如下：人口 2 500 万，就业人数 1 000 万，失业人数 100 万。

请分析：

（1）该国的劳动力是多少？

（2）失业率是多少？

（3）如果摩擦失业与结构失业为 60 万人，自然失业率应该是多少？

（4）在实现了充分就业时，该国应该有多少人就业？在未实现充分就业时，该国的周期失业率为多少？

2. 若价格水平在 1984 年为 107.9，1985 年为 111.5，1986 年为 114.5。试问 1985 年和 1986 年通货膨胀率各是多少？

3. 设统计部门选用 A、B、C 三种商品来计算消费价格指数，所获数据如表 5-1 所示。

表 5-1　　A、B、C 三种商品基本数据表

品种	数量	基期价格（元）	本期价格（元）
A	2	1.00	1.50
B	1	3.00	4.00
C	3	2.00	4.00

试计算 CPI 及通货膨胀率。

第六章

6 宏观经济政策

一、内容简介

（一）提纲挈领

- 宏观经济政策实践
  - 宏观经济政策目标
    - 经济增长
    - 充分就业
    - 物价稳定
    - 国际收支平衡
  - 财政政策工具
    - 政府收入
      - 政府税收
      - 政府公债
    - 政府支出
      - 政府购买产品
      - 政府转移支付
  - 财政政策对经济的调节
    - 自动稳定器
    - 斟酌使用的财政政策
  - 财政思想
    - 财政思想的演变
      - 年度平衡预算
      - 周期平衡预算
      - 功能财政思想
    - 充分就业预算盈余
  - 货币政策
    - 货币创造机制
    - 货币政策三大工具
      - 公开市场业务
      - 法定准备率
      - 再贴现率

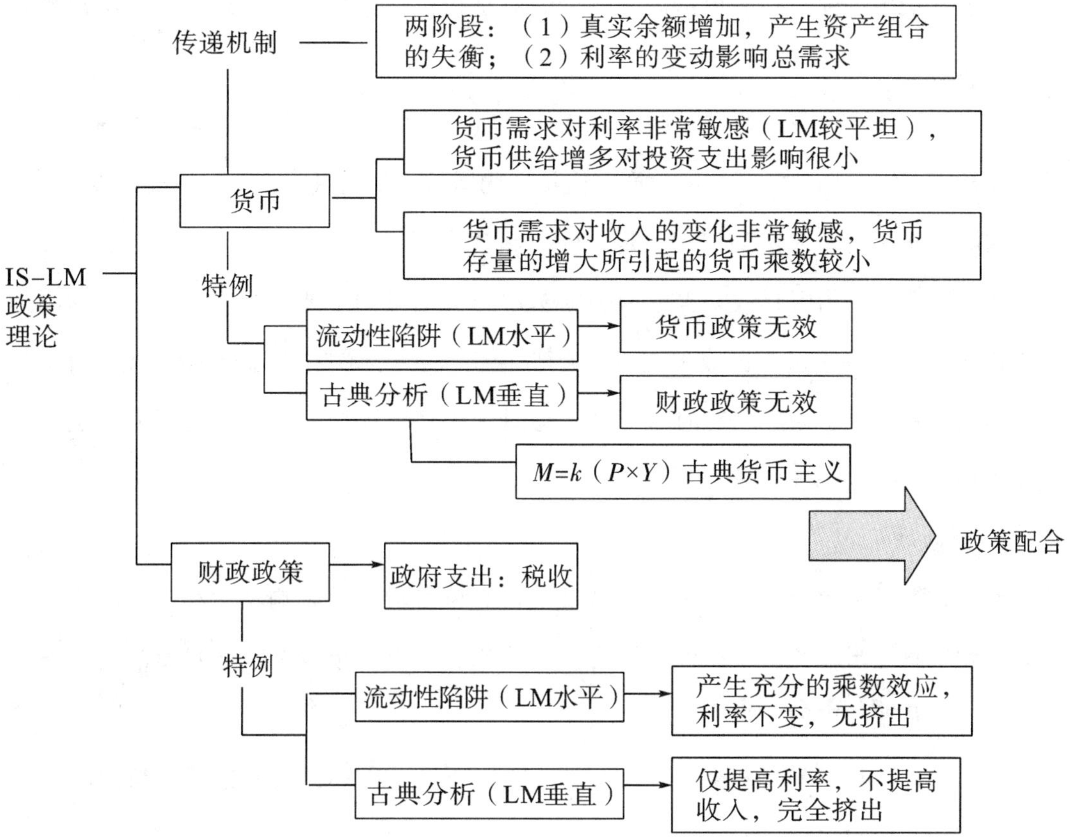

（二）本章要点

1. 宏观经济政策目标

经济政策是指国家或政府为了增进社会经济福利而制定的解决经济问题的指导原则和措施。一般认为宏观经济政策有充分就业、价格稳定、经济持续稳定增长和国际收支平衡四大目标。

充分就业是指不存在非自愿失业的一种状态。失业一般分为三类：摩擦失业、自愿失业和非自愿失业。摩擦失业是指在生产过程中由于难以避免的摩擦造成的短期、局部性失业。自愿失业是指工人不愿意接受现行工资水平而形成的失业。非自愿失业是指愿意接受现行工资但仍找不到工作的失业。前两种失业被认为难以消除，故充分就业目标是针对非自愿失业而论的。

价格稳定是指价格总水平的稳定。一般用价格指数来表示一般价格水平的变化。

价格稳定不是指每种商品的价格固定不变，而是指价格指数的相对稳定，即不出现较严重的通货膨胀。

经济增长是指在一个特定时期内经济社会所生产的人均产量和人均收入的持续增长。通常用一定时期内实际国民生产总值年平均增长率来衡量。

国际收支平衡要求做到汇率稳定，外汇储蓄有所增加，进出口平衡。随着国际经济交往的密切，平衡国际收支也成为一国宏观经济政策的重要目标之一。一国的国际收支状况不仅反映了这个国家的对外经济交往情况，还反映出该国经济的稳定程度。当一国国际收支处于失衡状态时，就必然会对国内经济形成冲击，从而影响该国国内就业水平、价格及经济增长。

2. 财政政策

财政政策是指政府变动税收和支出以便影响总需求进而影响就业和国民收入的政策。变动税收是指改变税率和税率结构。变动政府支出是指改变政府对商品与劳务的购买支出以及转移支付。

财政政策工具主要有两类：①支出类：变动政府购买支出、改变政府转移支付。②收入类：变动税收和公债。

财政政策的作用机制：①政府购买构成总需求的一部分，其作用最为直接。②政府转移支付通过影响个人可支配收入作用于总需求。③政府税收作用途径有两条，一是影响个人可支配收入；二是税率高低将改变国民生产总值的边际消费倾向。

自动稳定器是指财政制度本身所具有的减轻各种变量或者说干扰对 GDP 冲击的内在机制。自动稳定器的内容包括政府的所得税制度、政府转移支付制度、农产品价格维持制度等。这些财政制度具有自动稳定经济波动幅度的内在作用，但是自动稳定器无法消除经济波动。

财政思想的演变：①年度平衡预算是以实现每财政年度的收支平衡为目标。②周期平衡预算是用经济繁荣阶段的预算盈余弥补萧条阶段的预算赤字，以实现一个经济周期内的收支平衡为目标。③功能财政思想是以反经济周期的需要利用预算赤字与预算盈余，无须刻意保持财政收支平衡。

斟酌使用的财政政策是指政府根据经济情况和财政政策有关手段的特点，相机抉择，主动地积极变动财政的支出和税收以稳定经济，实现充分就业的机动性财政政策。当经济衰退时，应采用膨胀性财政政策即削减税收、降低税率、增加支出或双管齐下来刺激总需求，使之接近充分就业水平，实现充分就业预算平衡。反之，当经济过热时，则应采用紧缩性财政政策来抑制总需求。斟酌使用的财政政策是功能财政思想的实现和贯彻，也就是凯恩斯主义的“需求管理”。该政策在20世纪30年代到20世纪60年代效果不错，但之后出现的滞胀使它受到了怀疑。

财政政策在实践中的制约因素：①时滞，包括认识时滞、行动时滞和影响时滞。②政策效果的不确定性，首先是乘数难以准确确定，其次在财政政策产生效果的时间阶段中，需求可能已经发生很大的变化。③“挤出效应”。

3. 货币政策

货币政策指政府通过中央银行变动货币供给量，影响利率和国民收入的政策措施。狭义的货币供给为硬币、纸币和活期存款。前两者称为通货。

（1）中央银行是一国的发行银行、银行的银行和国家的银行。商业银行则是以经营信贷业务而获取利润的经济单位。中央银行与商业银行之间具有某些制度规定，准备金制度和贴现制度构成了货币政策的制度基础。

（2）活期存款的货币创造机制。如果是活期存款，它还能通过活期存款派生机制创造货币。公式为 $D=\frac{R}{r_d}$ 和 $D=\frac{R}{r_d+r_e}$（D 为活期存款总额，R 为原始存款，r_d 为存款准备金率，r_e 为超额存款准备金率）。如果在存款创造机制中还存在现金流出，即贷款并不完全转化为存款，那么货币创造乘数为：$k=\frac{1}{r_d+r_e+r_c}$（r_c 为现金-存款比率）。此时，仅把活期存款考虑为货币供给量。如果把活期存款和通货都考虑为货币供给量，即 $M=D+Cu$（Cu 为非银行部门持有的通货），同时，引入强力货币 H（银行准备金加上非银行部门持有的通货），此时的货币创造公式如下：

$$\frac{M}{H}=\frac{C_u+D}{C_u+R_d+R_e}=\frac{\frac{C_u}{D}+1}{\frac{C_u}{D}+\frac{R_d}{D}+\frac{R_e}{D}}=\frac{r_c+1}{r_c+r_d+r_e}$$

注：R_d 为法定存款准备金，R_e 为超额准备金。

（3）货币政策三大工具：①调整再贴现率；②公开市场业务；③变动法定准备金率。

三大货币工具的特点：①再贴现率是商业银行向中央银行借款时的利率。提高再贴现率，商业银行向央行借款减少，从而货币供给量就会减少；反之，货币供给量增加。改变再贴现率是一项被动的政策，取决于商业银行是否配合。②公开市场业务。公开市场业务是指央行通过在金融市场上买进或卖出政府债券来调节货币供给量。当需要放松银根刺激经济时，央行可买进政府债券以增加货币供给；当需要遏制通货膨胀以防止经济过热时，可进行反向操作。公开市场业务是中央银行最常使用的政策工具，具有主动灵活的优点。③法定准备金率是中央银行规定的应付提款需要的准备金在商业银行存款中所占的比例。提高（降低）法定准备金率不仅会使商业银行的超额准备金缩减（扩增），还会缩小（扩大）货币乘数，引起银行信用的多倍紧缩（扩张）。调整法定准备金率对金融市场是一种强有力的调节措施，见效也快，但易引起宏观经济的剧烈波动。

其他货币工具：①选择性信贷控制。②道义劝告。

（4）货币政策作用机制。货币政策主要通过调整货币供给量以影响利率，从而作用于总需求，达到影响国民收入的目的。

（5）货币政策在实践中的制约因素。①时滞：认识时滞、行动时滞和影响时滞。②货币流通速度。③流动性陷阱。

4. 财政政策效果

（1）财政政策效果的 IS-LM 图形分析

从 IS-LM 模型看，财政政策效果的大小是指政府收支变化（包括变动税收、政府购买和转移支付等）使 IS 变动对国民收入变动产生的影响。显然，从 IS 和 LM 图形看，这种影响的大小，随 IS 曲线和 LM 曲线的斜率不同而有所区别。

在 LM 曲线不变时，IS 曲线斜率的绝对值越大，IS 曲线越陡峭，移动 IS 曲线时收入变化就越大，财政政策效果越大。反之，IS 曲线越平坦，IS 曲线移动时收入变化就越小，财政政策效果越小。

在 IS 曲线的斜率不变时，财政政策效果又随 LM 曲线斜率不同而不同。LM 斜率越大，LM 曲线越陡，移动 IS 曲线时收入变动就越小，财政政策效果就越小，反之，LM 越平坦，财政政策效果就越大。

（2）凯恩斯主义的极端情况

如果 LM 越平坦，或 IS 越陡峭，则财政政策效果越大，货币政策效果越小，如果出现一种 IS 曲线为垂直线而 LM 曲线为水平线的情况，则财政政策将十分有效，而货币政策将完全无效。这种情况被称为凯恩斯主义的极端情况。

（3）挤出效应

挤出效应指政府支出增加所引起的私人消费或投资降低的经济效应。在 IS-LM 模型中，若 LM 曲线不变，向右移动 IS 曲线，两种市场同时均衡时会引起利率的上升和国民收入的增加。但是，这一增加的国民收入小于不考虑货币市场的均衡（即 LM 曲线）或利率不变条件下的国民收入的增量，这两种情况下的国民收入增量之差，就是利率上升而引起的“挤出效应”。“挤出效应”的大小取决于支出乘数的大小、货币需求对收入变动的敏感程度、货币需求对利率变动的敏感程度、投资需求对利率变动的敏感程度等。其中，货币的利率敏感程度和投资的利率敏感程度是“挤出效应”大小的决定性因素。“挤出效应”与货币的利率敏感程度负相关；与投资的利率敏感性正相关。

5. 货币政策的效果

（1）货币政策效果的 IS-LM 图形分析

它指变动货币供给量的政策对总需求的影响。假定增加货币供给能使国民收入有较大增加，则货币政策效果就大；反之则小。货币政策效果同样取决于 IS 和 LM 曲线的斜率。

在 LM 曲线形状基本不变时，IS 曲线越平坦，LM 曲线移动（由于实行变动货币供给量的货币政策）对国民收入变动的影响就越大；反之，IS 曲线越陡峭，LM 曲线移动对国民收入变动的影响就越小。

当 IS 曲线斜率不变时，LM 曲线越平坦，货币政策效果就越小，反之，则货币政策效果就越大。

（2）古典主义的极端情况

古典主义的极端情况即水平的 IS 与垂直的 LM 模型，此时财政政策完全无效，货币政策完全有效。

（3）货币政策的局限性

①在通货膨胀时期实行紧缩的货币政策可能效果比较显著，但在经济衰退时期，实行扩张的货币政策效果就不明显。②从货币市场均衡的情况看，增加或减少货币供给要影响利率的话，必须以货币流通速度不变为前提。如果这一前提并不存在，货币供给变动对经济的影响就要打折扣。③货币政策作用的外部时滞也影响政策效果。④在开放经济中，货币政策的效果还要因为资金在国际上流动而受到影响。

6. 财政政策和货币政策的混合使用

扩张性的财政政策表现为 IS 曲线右移，在使收入增加的同时会带来利率的上升，反之亦然。扩张性的货币政策表现为 LM 曲线右移，在使收入增加的同时会带来利率的下降，反之亦然。由此可见，通过两种政策的搭配，可实现收入和利率的不同组合。不同政策混合使用的效果如表 6-1 所示。

表 6-1　财政政策和货币政策的混合使用表

	政策混合	产出	利率
1	扩张性财政政策和紧缩性货币政策	不确定	上升
2	紧缩性财政政策和紧缩性货币政策	减少	不确定
3	紧缩性财政政策和扩张性货币政策	不确定	下降
4	扩张性财政政策和扩张性货币政策	增加	不确定

二、重要概念

财政政策　货币政策　政府购买　政府转移支付　公债　挤出效应　存款创造　货币乘数　再贴现率政策　公开市场业务　超额准备金　法定准备金　法定准备率　基础货币　派生存款

三、习题练习

（一）单项选择题

【例 1】中央银行降低再贴现率，会使银行准备金（　　）。

A. 增加　　B. 减少

C. 不变　　D. 以上几种情况都可能

解答：选择 A。再贴现率下降，那么银行向中央银行贴现的成本降低，会倾向于中央银行再融资。因此，银行拥有的资金就会增多。如果银行资金多了，那么在存款准备金率不变的情况下，法定存款准备金必然就增多。

【例 2】西方国家中央银行最经常使用、最灵活有效的货币政策手段是（　　）。

A. 法定存款准备金　　B. 再贴现率

C. 公开市场业务　　D. 道义劝告

解答：选择 C。

【例 3】根据表 6-2 ABC 国民银行的资产负债平衡表回答问题（1）~（3）。其中，假定法定准备金率为 20%。

表 6-2　　ABC 国民银行的资产负债平衡表

资　产		负 债 和 净 值	
准备金	27 000 元	存款	110 000 元
贷款	50 000 元		
政府证券	33 000 元		
其他资产	200 000 元	净值	200 000 元

（1）根据以上信息，该商业银行拥有的超额准备金为（　　）。

A. 0 元　　B. 3 000 元

C. 5 000 元　　D. 12 000 元

解答：选择 C。由题知，法定准备金即存款与法定准备率之积为 22 000，而实际准备金为 27 000 元，故此超额准备金为 5 000 元。

（2）根据以上信息，该银行依据安全性原则最多可再增加贷款（　　）。

A. 7 000 元　　B. 25 000 元

C. 27 000 元　　D. 5 000 元。

解答：选择 D。即超额准备金的金额。

（3）根据以上信息，如果该平衡表不是单一银行的，而是整个商业银行体系的资产负债平衡表，则贷款可以增加的数额为（　　）。

A. 25 000 元　　B. 15 000 元

C. 48 000 元　　D. 35 000 元

解答：选择 A。即超额准备金金额乘以存款乘数。

【例 4】“挤出效应”发生于（　　）。

A. 货币供给减少使利率提高，挤出了对利率敏感的私人部门支出

B. 私人部门增税，减少了私人部门的可支配收入和支出

C. 所得税的减少，提高了利率，挤出了对利率敏感的私人部门支出

D. 政府支出减少，引起消费支出下降

解答：选择 A。货币供给减少使利率提高，折旧意味着利率一旦提高，那些对利率敏感的私人部门可能减少开支（投资），从而发生所谓挤出效应。

1. 财政政策是指（　　）。

A. 操纵政府支出和税收以稳定国内产出、就业和价格水平

B. 操纵政府支出和税收以便收入分配更公平

C. 改变利息率以改变总需求

D. 政府支出和税收的等额增加会起到紧缩经济的作用

2. 货币政策指中央银行为实现既定的经济目标，运用各种工具调节（　　）的一种金融政策和措施。

A. 货币供给与利率　　B. 货币需求与利率

C. 货币需求与供给　　D. 货币流通速度

3. 扩张性财政政策之命名是因为它（　　）。

A. 包含了国家货币供给扩张的内容

B. 必然使政府规模扩大

C. 目的在于使物价更稳定

D. 是设计用于扩大实际 GDP 的

4. 以下哪一项正确描述了扩张性财政政策的影响？（　　）。

A. 政府支出使总支出增加；减少税收使可支配收入增加，并由此使消费增加

B. 政府支出使总支出减少；减少税收使可支配收入增加，并由此使消费增加

C. 政府支出使总支出增加；减少税收使可支配收入减少，并由此使消费减少

D. 政府支出使总支出减少；减少税收使可支配收入减少，并由此使消费减少

5. 如果经济低于充分就业水平，价格水平固定，（　　）能使经济更接近于充分就业。

A. 政府支出的削减或税收的增加

B. 政府支出或税收的等量削减

C. 政府支出的增加或税收的削减

D. 政府支出或税收的增加

6. 假定某经济在充分就业状态上运行，此时投资支出急剧减少，在这种情况下，为保证经济维持在充分就业状态，政府自主决定的财政政策应（　　）。

A. 使税收和政府支出相等　　B. 使税收超过政府支出

C. 使政府支出超过税收　　D. 减少补贴和转移支付，并提高税率

7. 某年在现行价格水平上的社会总需求量依次为消费 1 000 亿元，投资 400 亿元，净出口 100 亿元，政府购买支出 200 亿元。充分就业的 GDP 为 1 200 亿元，在此条件下为使价格水平保持稳定，政府应该（　　）。

A. 提高税率，并减少政府支出

B. 通过降低政府债券的利息率来减少私人储蓄

C. 增加政府支出

D. 通过降低公司所得税率来鼓励私人投资

8. 中央政府采取什么措施运用财政盈余资金时抑制通货膨胀的效果最好？（　　）。

A. 将财政盈余用于还债　　　　B. 将财政盈余暂时封存不使用

C. 将财政盈余用于增加转移支付　　D. 将财政盈余用于投资

9.“自动稳定器”的作用效果是有限的，因为（　　）。

A. 在经济衰退时内自动稳定器会导致财政盈余出现

B. 在通货膨胀时转移支付和补贴会增加，在经济衰退时会减少

C. 其抵消经济波动的功能没有直接改变政府支出那么强

D. 无论处于经济周期的任何阶段都会使价格水平上升

10. 下列叙述中哪一个是正确的？（　　）。

A.“自动稳定器”只能部分地抵消经济波动

B.“自动稳定器”用于减缓通货膨胀，但无法缓解失业

C.“自动稳定器”可以被用来完全抵消任何经济波动

D.“自动稳定器”会使对经济波动的调整过度

11. 挤出效应说明的是（　　）。

A. 增加税收主要是通过减少储蓄来支付的，因此不是有效的财政措施

B. 通过借债来支持政府支出增加会导致利息率上升从而使投资支出下降

C. 在经济中使总需求过剩是非常困难的

D. 消费支出和投资支出总是互为反方向变动的

12. 下列哪种情况中“挤出效应”可能很大？（　　）。

A. 货币需求对利率敏感，投资对利率不敏感

B. 货币需求对利率敏感，投资对利率也敏感

C. 货币需求对利率不敏感，投资对利率不敏感

D. 货币需求对利率不敏感，投资对利率敏感

13. 经济学家将货币定义为 M_1 时将定期存款排除在外是因为（　　）。

A. 定期存款的内在价值为零

B. 定期存款的购买力没有活期存款和通货那么稳定

C. 定期存款不可直接用作即时的交换的媒介

D. 相对于活期存款，定期存款的数量较少

14. 基准货币非常重要是因为（　　）。

A. 它们可能影响消费支出的水平

B. 它们可以被转换成活期存款，从而影响宏观经济的稳定

C. 它们使货币的内涵复杂化了，从而加大了货币政策操作的难度

D. 以上所有原因

15. 持有货币是有成本的，因为（　　）。

A. 通货膨胀会降低其购买力　　B. 持有货币会失去挣得利息的机会

C. 债券价格变动较大　　D. 货币流通速度可能下降

16. 名义 GDP 增加会增加货币需求是因为（　　）。

A. 利息率会上升　　B. 需要更多的货币来支付更多的交易

C. 债券价格会下降　　D. 持有货币的机会成本会下降

17. 以下说法中哪一个不正确？（　　）。

A. 商业银行的实际准备金等于其超额准备金加上法定准备金

B. 商业银行按照中央银行的要求留存超额准备金

C. 当借款人归还银行贷款时，货币供给减少

D. 单一商业银行能够安全地贷出的存款等于其持有的超额准备金

18. 中央银行有多种职能，只有（　　）不是其职能。

A. 制定货币政策　　B. 为商业银行保存储备金

C. 发行货币　　D. 为政府创造利润

19. 中央银行影响商业银行从中央银行贷款数量的传统货币政策手段是（　　）。

A. 公开市场业务　　B. 再贴现率

C. 道义劝告　　D. 法定存款准备金

20. 中央银行影响商业银行放贷数量的传统货币手段是（　　）。

A. 法定存款准备金　　B. 公开市场业务

C. 道义劝告　　D. 以上都不是

21. 中央银行在公开市场买进政府债券的结果是（　　）。

A. 银行存款减少　　B. 市场利率上升

C. 公众手里的货币增加　　D. 以上都不是

22. 要求法定准备金的主要目的是（　　）。

A. 阻止商业银行贮藏过多的现金

B. 阻止商业银行赚取超额利润

C. 提供一种货币当局可以用来影响商业银行放贷能力的工具

D. 给商业银行提供一种可靠的利息收入来源

23. 如果 A 商业银行拥有 5 000 元的超额准备金，法定准备率为 30%。则该银行应处于哪一种情况下？（　　）。

A. 拥有 90 000 元存款负债和 32 000 元的准备金

B. 拥有 20 000 元存款负债和 10 000 元的准备金

C. 拥有 90 000 元存款负债和 35 000 元的准备金

D. 拥有 40 000 元存款负债和 13 222 元的准备金

24. 假定某商业银行拥有超额准备金 4 000 元，吸收活期存款 80 000 元，如果法定准备金率为 25%，则该银行的实际准备金应为（　　）。

A. 16 000 元　　B. 24 000 元

C. 20 000 元　　D. 84 000 元

25. 商业银行所能提供的贷款数量是由（　　）决定的。

A. 法定准备金　　B. 超额准备金

C. 实际贷款额　　D. 实际存款额

26. 假定商业银行系统拥有 100 000 元的活期存款，且实际准备金为 35 000 元，若法定准备金率为 20%，则整个银行系统最多可以增加多少货币供给？（　　）。

A. 175 000 元　　B. 75 000 元

C. 300 000 元　　D. 15 000 元

27. 下述哪一项不是货币政策工具？（　　）。

A. 公开市场操作　　B. 改变税率

C. 改变法定准备金率　　D. 改变再贴现率

28. 公开市场操作是指（　　）。

A. 在纽约证券交易所购买股票

B. 中央银行向商业银行提供贷款

C. 指定股票交易的额定保证金

D. 由联邦储备银行在公开市场上买卖政府债券

29. 其他条件不变，当法定准备金率提高时，（　　）。

A. 法定准备金转变超额准备金

B. 商业银行的超额准备金增加

C. 单一商业银行无法再提供与其超额准备金等额的贷款

D. 商业银行的超额准备金减少

30. 再贴现率是（　　）。

A. 联邦储备银行向商业银行提供贷款时使用的利息率

B. 中央银行向美国财政部提供贷款时使用的利息率

C. 长期政府债券的利息收益率

D. 商业银行向公众提供贷款时使用的利息率

31. 在哪种情况下，商业银行可以使其实际准备金增加？（　　）。

A. 向银行客户提供贷款　　B. 从公众手中购买债券

C. 从联邦储备银行购买债券　　D. 从联邦储备银行借款

32. 假设价格水平固定，并且经济中存在超额生产能力。以下哪一项正确描述了货币政策影响产出的所有步骤？（　　）。

A. 货币供给增加使利率上升，投资增加，从而使总支出和产出增加

B. 货币供给增加使利率下降，投资减少，从而使总支出和产出减少

C. 货币供给增加使利率下降，投资增加，从而使总支出和产出增加

D. 货币供给增加使利率上升，投资减少，从而使总支出和产出增加

33. 假设经济处于充分就业水平并且价格水平固定。若货币供给没有伴随性改变，对经济的财政刺激将（　　）。

A. 使利率上升，由此使私人投资增加

B. 使利率上升，由此使私人投资减少

C. 对利率和私人投资水平都没有影响

D. 使利率下降，由此使私人投资增加

34. 像凯恩斯一样，许多经济学家认为，在衰退时货币政策是无效的，这是因为（　　）。

A. 货币需求和投资都相对有弹性

B. 货币需求相对有弹性，投资相对无弹性

C. 货币需求和投资都相对无弹性

D. 货币需求相对无弹性，投资相对有弹性

35. 如果投资对利率改变的反应相对不敏感，则利率降低（　　）。

A. 会使投资曲线显著地向右移动，令总支出有很大的增长

B. 会使投资曲线显著地向左移动，令总支出有很大的下降

C. 仅会轻微地增加投资，令总支出有一定的增长

D. 对投资没有影响，因而对总支出也没有影响

36. 下列哪种情况中增加货币供给不会影响均衡收入？（　　）。

A. LM 陡峭而 IS 平缓　　B. LM 垂直而 IS 陡峭

C. LM 平缓而 IS 垂直　　D. LM 和 IS 一样平缓

37. “双松政策”使 GDP（　　）。

A. 增加较多　　B. 增加较少

C. 减少较多　　D. 减少较少

38. “双紧政策”使利息率（　　）。

A. 提高　　B. 下降

C. 不变　　D. 以上都有可能

39. “松货币紧财政”使利息率（　　）。

A. 提高很多　　B. 提高很少

C. 下降很多　　D. 下降很少

40. “松财政紧货币”使国民收入（　　）。

A. 增加　　B. 减少

C. 不变　　D. 以上都有可能

41. 当政府想要增加或减少社会总需求时，下述哪一对措施是相互抵触的？（　　）。

A. 增税和增加货币供给　　B. 减税和增加货币供给

C. 减少政府支出和减少货币供给　　D. 增税和提高利息率

（二）多项选择题

【例 1】若经济处于凯恩斯区域，实施扩张性的财政政策，将会（　　）。

A. 增加收入　　B. 降低利率

C. 减少收入　　D. 利率不变

解答：选择 AD。在凯恩斯区域，LM 呈现水平状态，经济处于流动性陷阱，财政政策完全有效，无挤出，而货币政策无效。

【例 2】应对经济萧条的适当货币政策是（　　）。

A. 提高商业银行准备金率

B. 中央银行在公开市场买进政府债券

C. 中央银行在公开市场卖出政府债券

D. 降低再贴现率

解答：选择 BD。应采取松的货币政策，以增加货币供给。

1. 宏观经济政策的主要目标是（　　）。

A. 充分就业　　B. 物价稳定

C. 经济增长　　D. 国际收支平衡

2. 需求管理政策包括（　　）。

A. 财政政策　　B. 货币政策

C. 收入政策　　D. 人力政策

3. 货币供给 M_1 的主要组成部分是（　　）。

A. 硬币　　B. 活期存款

C. 流通中的货币　　D. 以上都是

4. 政府支出包括（　　）。

A. 公共工程支出　　B. 政府日常购买

C. 转移支付　　D. 税收

5. 可以列入货币政策目标的有（　　）。

A. 人均收入提高　　B. 稳定币值和物价

C. 充分就业　　D. 经济增长

6. 若经济处于古典区域，实施扩张性的货币政策，将会（　　）。

A. 增加收入　　B. 降低利率

C. 减少收入　　D. 提高利率

（三）辨析题

【例 1】松的财政政策的内涵是货币供给的增加。

解答：错误。松的财政政策的内涵是扩大增发支出与减税。松的货币政策的内涵是货币供给的增加。

【例 2】紧缩的财政政策可能使 GDP 减少，也可能使 GDP 不变。

解答：正确。紧缩的财政政策一般能够减少 GDP，但是在 LM 古典区域内保持 GDP 不变。

【例 3】财政政策属于需求管理，货币政策属于供给管理。

解答：错误。需求管理包括财政政策和货币政策。

【例 4】充分就业和物价稳定是一致的，两个目标一定可以同时实现。

解答：错误。宏观经济政策目标间存在冲突，比如充分就业与物价稳定之间就存在不一致，两难选择。

【例 5】当充分就业预算盈余时实际预算可能存在赤字。

解答：正确。所谓充分就业预算盈余指既定的政府预算在充分就业的国民收入水平即潜在的国民收入水平上所产生的政府预算盈余。如果这种盈余为负值，就是充分就业预算赤字。

1. 宏观经济的主要目标之间具有冲突性。 ( )

2. 扩张性财政政策的扩张性主要体现在会使货币供给增加。 ( )

3. 累进税收体系下的税收收入在经济扩张时期会自动增加，而在经济衰退时期会自动减少。 ( )

4. 超额准备金是指法定准备金超过实际准备金的金额。 ( )

5. 当公众从中央银行手中购买政府证券时，货币供给增加。 ( )

6. 当商业银行收回已发放的贷款时，货币供给增加。 ( )

7. 实际准备金等于法定准备金加上超额准备金。 ( )

8. 整个银行系统可以提供几倍于其超额准备金的贷款是因为提供贷款对于整个银行系统来说不会引致准备金减少。 ( )

9. 挤出效应是指政府实施赤字财政以增加支出时可能使人们预期将来承担更高的税收负担而增加储蓄。 ( )

10. 财政政策虽然具有挤出效应，但对于总收入而言其效果可以比货币政策明显。 ( )

11. 对于“滞胀”问题，传统凯恩斯主义无能为力。 ( )

12. 扩张性的财政政策包括增加政府支出和增税。 ( )

13. 政府的扩张财政政策一定会产生挤出效应。 ( )

14. 通过向商业银行或公众出售债券来弥补扩张性财政政策带来的赤字，不会产生挤出效应。 ( )

15. 减税的同时，政府通过借债或增发货币来弥补财政赤字对扩张的影响一样。 ( )

（四）问答题

1. 简述宏观经济政策的具体目标。

2. 简述财政政策的主要工具及具体操作。

3. 平衡预算的财政思想和功能财政思想有何区别?

4. 简述金融体系的构成及其存款创造过程。

5. 简述中央银行调控货币流通量的政策工具。

6. 商业银行如何创造活期存款？

7. 什么是公开市场操作？这一货币政策工具有哪些优点？

8. 简述货币政策传导机制。

9. 什么叫财政政策和货币政策的混合使用？

10. 何谓“挤出”效应？说明影响挤出效应的主要因素。

11. 财政政策效果和货币政策效果的决定因素主要有哪些？

12. 为什么经济萧条时凯恩斯主义容易走远，而通胀率居高不下时货币主义容易成为“时髦”？

（五）计算题

1. 假设现金存款比率 $r_c=\frac{C_u}{D}=0.38$，准备金率（包括法定的和超额的）$r=0.18$，试问货币创造乘数为多少？若增加基础货币 100 亿美元，货币供给变动多少？

2. 假设 LM 方程为 $y=500+25r$（货币需求 $L=0.2y-5r$，货币供给量 $M=100$）。

（1）计算：

（a）当 IS 为 $y=950-50r$（消费 $c=40+0.8y_d$，投资 $i=140-10r$，税收 $t=50$，政府支出 $g=50$）时；（b）当 IS 为 $y=800-25r$（消费 $c=40+0.8y_d$，投资 $i=110-5r$，税收 $t=50$，政府支出 $g=50$）时的均衡收入、利率和投资。

（2）政府支出从 50 增加到 80 时，情况（a）和（b）的均衡收入和利率各为多少？

（3）说明政府支出从 50 增加到 80 时，为什么情况（a）和（b）中的收入增加有所不同。

3. 假定货币需求为 $L=0.2y$，货币供给为 $M=200$，消费 $c=90+0.8y_d$，税收 $t=50$，投资 $i=140-5r$，政府支出 $g=50$。（假定价格水平 $P=1$）问：

（1）导出 IS 和 LM 方程，求均衡收入、利率和投资。

（2）若其他情况不变，政府支出 g 增加 20 时，收入、利率和投资有什么变化？

（3）是否存在“挤出效应”？

4. 假定货币需求为 $L=0.2y-10r$，货币供给为 $M=200$，消费 $c=60+0.8y_d$，税收 $t=100$，投资 $i=150$，政府支出 $g=100$。（假定价格水平 $P=1$）问：

（1）求 IS 和 LM 方程，均衡收入、利率和投资。

（2）政府支出从 100 增加到 120 时，收入、利率和投资有何变化？

（3）是否存在“挤出效应”？为什么？

5. 假定货币需求函数 $L=0.2y-5r$，$m=300$，消费函数 $c=200+0.8y$，投资 $i=300-5r$。求：

（1）IS-LM 模型和均衡条件下的产出水平及利率水平。

（2）若充分就业的有效需求水平为 2 020 亿元，政府为了实现充分就业，如果运用扩张的财政政策，所需追加的支出为多少？

（3）如果运用扩张的货币政策，追加的货币供应为多少？

（六）作图题

1. 位于亚洲中部的 Z 国拟大幅度增加政府购买支出，试用 IS-LM 模型分析其政策动机和效果。

2. IS 曲线和 LM 曲线怎样移动才能使国民收入增加而利率不变？怎样的财政政策和货币政策配合才能做到这一点？

第七章 7 经济增长

一、内容简介

（一）提纲挈领

经济增长
- 经济增长和经济发展（经济增长的源泉）
- 哈罗德—多马模型（实际增长率、有保证的增长率和自然增长率）
- 新古典增长模型

（二）本章要点

1. 经济增长

经济增长通常指产量的增加，这里的产量既可以表示为经济的总产量，也可以表示为人均产量。用公式表示总产量意义下的增长率为：$G_t=(Y_t-Y_{t-1})/Y_{t-1}$。人均产量意义下的增长率为：$g_t=(y_t-y_{t-1})/y_{t-1}$。

2. 经济增长的源泉

经济增长的源泉通常借助于生产函数来研究。生产函数可以表示为：$Y_t=A_tf(L_t, K_t)$（Y_t、A_t、L_t、K_t分别表示 t 时期的总产出、技术状况、劳动投入量、资本投入量）。由此可得到增长率的分解式：$G_Y=G_A+\alpha G_L+\beta G_K$（$G_Y$、$G_A$、$G_L$、$G_K$分别表示产出、技术进步、劳动和资本的增长率）。因此，经济增长的源泉为劳动和资本的增长以及技术进步。

3. 人力资本

人力资本指体现在个人身上的获取收入的潜在能力的价值，包括天生的能力和才华以及通过后天教育训练获得的技能。

4. 哈罗德—多马模型

（1）模型的假设前提

①全社会只生产一种产品。

②储蓄 S 是国民收入 Y 的函数，即 $S=sY$（s 代表这个社会的储蓄比例，即储蓄在国民收入中所占的份额）。

③生产过程中只使用两种生产要素，即劳动 L 和资本 K。

④不存在技术进步，也不存在资本折旧问题。

⑤劳动力按照一个固定不变的比率增长。

⑥生产规模报酬不变，即生产任何一单位产品所需要的资本和劳动的数量都是固定不变的。

⑦不存在货币部门，且价格水平不变。

（2）模型的基本方程

哈罗德模型的基本方程为：$G=\dfrac{\Delta Y}{Y}=\dfrac{s}{v}$

式中，G 表示国民收入增长率 $\triangle Y/Y$（即经济增长率），s 表示储蓄率 S/Y，v 表示边际资本-产量比率 $\triangle K/\triangle Y$（假定边际资本—产量比率＝资本—产量比率 K/Y），且 $v=I/\triangle Y$。它表明，要实现均衡的经济增长，国民收入增长率就必须等于社会储蓄倾向与资本产量两者之比。

多马模型的基本方程为：$G=\triangle I/I=s\cdot\delta$

式中，$\triangle I/I$ 为投资增长率，即为哈罗德模型中的经济增长率；δ 表示资本生产率 $\triangle Y/I$，即哈罗德模型中 v 的倒数。多马模型与哈罗德模型的区别在于多马模型用资本生产率表示资本—产量比率，且 G 表示投资增长率，故：

$$G=\frac{s}{v}=s\cdot\delta$$

哈罗德认为，要实现充分就业的均衡增长，必须满足：$G_A = G_W = G_N$。

5. 实际增长率、有保证的增长率和自然增长率

①实际增长率 G_A

实际增长率指在一定储蓄比例之下由资本的实际变化量与国民收入的实际变化量的比率 v 导出的国民收入增长率，用 G_A 表示，$G_A = s/v$。

②有保证的增长率 G_W

下式中，s_d 为合意的储蓄率（假设既定），v_r 为企业家意愿中所需要的资本-产量比率。所谓"有保证的增长率"是指与企业家意愿中所需求的资本-产量比率 v_r 相适应的国民收入增长率，即指能满足投资等于储蓄的稳定的增长率。其公式为：

$$G_W = \frac{s_d}{v_r}$$

这一公式表明，当既定的合意储蓄率（符合居民意愿储蓄需求）和合意资本-产量比率（符合企业家意愿投资需求）所决定的增长率是有保证的增长率时，经济可以实现稳定的增长。在此增长率下，企业家预期的投资需求恰好等于本期的储蓄供给。

③自然增长率 G_N

动态分析中实现充分就业条件下均衡增长的要求为：

$$G_A = G_W = \frac{s}{v} = \frac{s_d}{v_r} = n = G_N$$

式中，G_A 是由有效需求决定的实际增长率，G_W 是 s_d 除以 v_r 所得的有保证的增长率，n 是一国的人口增长率，G_N 是指人口增加和技术进步所容许的增长率，即自然增长率。

a. 在分析经济短期波动原因时，哈罗德提出了实际增长率的概念。若 $G_A = G_W$，实际投资率将等于合意的储蓄率（$G_A v = s = G_W v_r$），进而实现经济的稳定增长；若 $G_A < G_W$，实际投资率将低于合意的储蓄率而引起经济收缩；若 $G_A > G_w$，实际投资率将高于合意的储蓄率而导致经济扩张。经济波动是由于这两者总是不一致而引起的。

b. 在分析经济长期波动原因时，哈罗德提出了自然增长率的概念，即自然增长率是人口增长与技术进步所允许达到的长期的最大增长率（用 G_n 表示）。其公式为：

$$G_n = \frac{s_o}{v_r}$$

上式中，s_0表示一定制度下最适宜的储蓄率，v_r表示预期的资本-产量比率。若$G_W=G_n$，表明社会的所有劳动能力和生产设备在既定的技术水平下得到充分利用；若$G_W<G_n$，表明储蓄和投资的增长率低于人口增长和技术进步所容许程度而出现长期繁荣趋势；若$G_W>G_n$，表明储蓄和投资的增长率超过人口增长和技术进步所容许程度而出现长期停滞趋势。

6. 不稳定原理

哈罗德通过考察认为，实际增长率与有保证的增长率之间一旦发生了偏差，经济活动不仅不能自我纠正，而且还会产生更大的偏离。这个结论被称为哈罗德的“不稳定原理”。

7. 新古典增长模型

该模型在生产的规模报酬和劳动力的增长比率不变的假设条件下，研究资本与储蓄之间的关系。模型的基本方程为：$\Delta k=sy-(n+\delta)k$（式中，k为人均资本，Δk为人均资本的增加量，s为储蓄率，y为人均产量，sy为人均储蓄，n为劳动力的增长率，δ为折旧率）。这一关系式表明，人均资本的增加等于人均储蓄减去$(n+\delta)k$项。$(n+\delta)k$项被称为资本的广化，它可以这样来理解：一方面，一定量的人均储蓄必须用于装备新工人，这一用途的储蓄为nk；另一方面，一定量的储蓄必须用于替换折旧资本，这一用途的储蓄为δk。人均储蓄超过$(n+\delta)k$的部分则导致了人均资本的上升，即$\Delta k>0$被称为资本的深化。因此，新古典增长模型的基本方程可以表述为：资本深化=人均储蓄-资本广化。

新古典增长理论展示了一个稳定的动态增长过程，即当经济偏离稳定状态时，无论人均资本过多还是过少，都存在着某种力量使其恢复到长期的均衡。

8. 经济增长的黄金分割率

这是经济学家费尔普斯于1961年提出的与人均消费最大化相联系的人均资本应满足的关系式，其基本内容为：若使稳态人均消费达到最大，稳态人均资本量的选择应使资本的边际产品等于劳动的增长率。用方程表示，就是：$f'(k^*)=n$。

9. 经济增长的因素分析

美国经济学家丹尼森和库兹涅茨对经济增长因素的分析最为著名。丹尼森把经济增长因素分为两大类：生产要素投入量和生产要素生产率。其中要素投入量包括劳动、资本和土地的投入；要素生产率即单位投入量的产出量包括资源配置状况、规模经济和知识进展。丹尼森进而把影响经济增长因素归结为六个：劳动、资本存量的规模、资源配置状况、规模经济、知识进展、其他影响单位投入产量的因素。丹尼森通过对各个增长因素所作贡献的量的分析，来比较长期经济增长中各个因素的相对重要性，并得出结论：知识进展是发达国家最重要的增长因素。

库兹涅茨认为，经济增长的因素主要是知识存量的增加、劳动生产率的提高和结构的变化。可以看出，库兹涅茨对经济增长因素的分析与丹尼森分析的不同之处是他重视结构因素对经济增长的贡献。

10. 新古典增长模型

该模型在生产的规模报酬和劳动力的增长比率不变的假设条件下，研究资本与储蓄之间的关系。模型的基本方程为：$\Delta k=sy-(n+\delta)k$（式中，k 为人均资本，Δk 为人均资本的增加量，s 为储蓄率，y 为人均产量，sy 为人均储蓄，n 为劳动力的增长率，δ 为折旧率）。这一关系式表明，人均资本的增加等于人均储蓄减去 $(n+\delta)k$ 项。$(n+\delta)k$ 项被称为资本的广化，它可以这样来理解：一方面，一定量的人均储蓄必须用于装备新工人，这一用途的储蓄为 nk；另一方面，一定量的储蓄必须用于替换折旧资本，这一用途的储蓄为 δk。人均储蓄超过 $(n+\delta)k$ 的部分则导致了人均资本的上升，即 $\Delta k>0$ 被称为资本的深化。因此，新古典增长模型的基本方程可以表述为：资本深化=人均储蓄-资本广化。

新古典增长理论展示了一个稳定的动态增长过程，即当经济偏离稳定状态时，无论人均资本过多还是过少，都存在着某种力量使其恢复到长期的均衡。

二、重要概念

经济增长　资本广化　资本深化　稳态　实际增长率　有保证的增长率　自然增长率

三、习题练习

（一）单项选择题

【例 1】要达到充分就业下的均衡增长，必须使（　　）。

A. $G_A = G_N$　　B. $G_A = G_W$

C. $G_A = G_N = G_W$　　D. $G_N = G_W$

解答：选择 C。哈罗德模型的基本方程为：$G = \frac{\Delta Y}{Y} = \frac{s}{v}$，要实现充分就业的均衡增长，必须满足：$G_A = G_W = G_N$，因此选 C。

1. 经济增长的标志是（　　）。

A. 失业率的下降　　B. 社会生产能力的不断提高

C. 先进技术的广泛应用　　D. 城市化速度的加快

2. 下列哪一种方法是提高增长率的最好方法？（　　）。

A. 发现新的自然资源供给　　B. 发展新技术

C. 提高人口增长率　　D. 降低人口增长率

3. 下列哪一种情况属于资本深化？（　　）。

A. 人口增长 5%，资本存量增加 10%

B. 人口增长 5%，资本存量增加 5%

C. 人口增加 5%，资本存量增加 4%

D. 人口没有增长，资本存量也没有增加

4. 在 80 年代后的新增长理论中，技术进步是（　　）。

A. 增长的余量　　B. 外生变量

C. 内生变量　　D. 引起经济增长的最重要因素

5. 经济增长的源泉为（　　）。

A. 劳动与资本　　B. 技术进步

C. A 与 B　　D. 以上都不是

6. 根据哈罗德的定义，有保证的增长率 G_W 与实际增长率 G_A 之间可能有的关系是（　　）。

A. $G_W > G_A$　　B. $G_W = G_A$

C. $G_W < G_A$　　D. 以上各项均可能

7. 在哈罗德模型中，已知有保证的增长率小于实际增长率，如果合意的储蓄率等于实际储蓄率，那么合意的资本-产量比将（　　）。

A. 小于实际的资本-产量比　　B. 大于实际的资本-产量比

C. 等于实际的资本-产量比　　D. 以上都可能

8. 在哈罗德模型中，已知合意的储蓄率小于实际储蓄率，合意的资本-产量比等于实际的资本-产量比，那么有保证的增长率（　　）。

A. 小于实际增长率　　B. 大于实际增长率

C. 等于实际增长率　　D. 两者的关系不能确定

9. 在新古典增长模型中，均衡点是指（　　）。

A. 实际增长率等于有保证的增长率

B. 实际增长率等于自然增长率

C. 有保证的增长率等于自然增长率

D. 整个社会的积累正好用于装备新增加的人口

10. 下列不属于新古典经济增长模型的基本假定的是（　　）。

A. 生产过程中只使用劳动上和资本 K 两种生产要素，这两种生产要素之间可以相互替代，但不能完全替代，因而每种要素的边际产量服从递减规律

B. 生产过程处于规模收益不变阶段

C. 储蓄在国民收入中所占的份额持续上涨

D. 劳动力按照一个固定不变的比率增长

11. 在新古典增长模型中，均衡点是指（　　）。

A. 实际增长率等于有保证的增长率，又等于自然增长率

B. 产量正好用来满足新增加的人口

C. 人口增长率为零

D. 整个社会的积累正好用于装备新增加的人口

12. 根据新古典经济增长模型，一个国家最终将会（　　）。

A. 以一个不断增长的比率增长

B. 保持一个静止状态

C. 耗光自然资源，难以维持生存

D. 造成严重的污染，使其人民难以生存

（二）辨析题

【例 1】根据哈罗德的分析，如果有保证的增长率等于实际增长率，国民经济将持续高涨。

解答：错误。根据哈罗德模型得知，有保证的增长率等于实际增长率时，一国经济会实现稳定均衡的增长。

【例 2】根据哈罗德的分析，如果有保证的增长率大于自然增长率，国民经济将长期萧条。

解答：正确。根据哈罗德模型得知，有保证的增长率等于自然增长率时，一国经济会实现均衡的增长；否则，如果有保证的增长率大于自然增长率，经济将长期萧条。

【例 3】哈罗德增长模型和凯恩斯的有效需求原理，在分析方法上存在的区别是：凯恩斯采用的是短期的静态的分析方法，哈罗德采用的是长期的动态的分析方法。

解答：正确。哈罗德模型既在技术、人口和资本均可变化的时期内分析经济增长，又从连续的各个时期来分析经济增长，因而是长期的、动态的分析。而凯恩斯的分析则相反。

1. 如果国民收入在某个时期增加，则净投资肯定是大于零。（　　）

2. 基尼系数总是大于 0 而小于 1，基尼系数越小，收入分配越不平均。（　　）

3. 经济资源包括土地、资本、劳动力和企业家才能。（　　）

4. 经济增长主要与经济中生产潜力的增长及生产能力得到利用的程度有关。（　　）

5. 新古典增长模型中，均衡点是指实际增长率等于有保证的增长率，等于自然增长率。（　　）

（三）问答题

1. 试说明哈罗德—多马模型与凯恩斯经济学说的同异之处。

2. 在哈罗德模型中，实际增长率、有保证的增长率和自然增长率的含义是什么？三者不相等时社会经济将出现什么情况？

3. 评述新古典经济增长理论。

4. 西方学者关于经济增长的因素分析有哪些可供我们学习和借鉴？

（四）计算题

1. 在新古典增长模型中，人均生产函数为 $y = f(k) = 2k - 0.5k^2$，人均储蓄率为0.3，设人口增长率为3%，求：

（1）使经济均衡增长的 k 值；

（2）黄金分割律所要求的人均资本量。

2. 已知经济社会的平均储蓄倾向为0.12，资本产量比等于3，求收入的增长率。

3. 已知平均储蓄倾向为0.2，增长速度为每年4%，求均衡的资本产量比。

4. 已知资本产量比为4，假设某国某年的国民收入为1 000亿美元，消费为800亿美元。按照哈罗德增长模型，要使该年的储蓄全部转化为投资，第二年的增长率应该为多少？

5. 如果要使一国的产出年增长 G 从5%提高到7%，在资本产量比 v 等于4的前提下，根据哈罗德增长模型，储蓄率应相应有何变化？

6. 假定某国经济的资本产量比 $v = 4$，消费倾向 $C/Y = 0.8$，自然增长率 $G_N = 6\%$，按照哈罗德增长模型，怎样才能实现充分就业的均衡增长？

7. 已知资本增长率 $k = 4\%$，劳动增长率为 $L = 2\%$，产出或收入增长率 $y = 6\%$，资本的国民收入份 $\alpha = 30\%$，在以上假定条件下，技术进步对经济增长的贡献是多少？

参考答案

第一章　宏观经济的基本指标及其衡量

（一）单项选择题

1	2	3	4	5	6	7	8	9	10
B	D	B	B	B	A	D	D	D	A
11	12	13	14	15	16	17	18	19	20
B	A	A	A	C	B	D	C	B	B
21	22	23	24	25	26	27	28	29	30
D	C	B	A	C	A	B	D	C	A

（二）多项选择题

1	2	3	4	5	6	7	8	9	10
BCD	BCD	AB	BCD	AD	BCD	CD	ABCD	ABC	ABCD

（三）辨析题

1	2	3	4	5	6	7	8	9	10
√	×	×	×	×	×	√	√	×	√
11	12	13	14	15	16	17	18	19	
×	×	√	√	×	√	√	×	×	

（四）问答题

1. 答：宏观经济学与微观经济学相对而言，是一种现代的经济分析方法。它以国民经济总体作为考察对象，研究经济生活中有关总量的决定与变动，解释失业、通货膨胀、经济增长与波动、国际收支与汇率的决定和变动等经济中的宏观整体问题，所以又称之为总量经济学。宏观经济学的中心和基础是总供给—总需求模型。具体来说，宏观经济学主要包括总需求理论、总供给理论、失业与通货膨胀理论、经济周期与经济增长理论、开放经济理论、宏观经济政策等内容。对宏观经济问题进行分析与研究的历史十分悠久，但现代意义上的宏观经济学直到20世纪30年代才得以形成和发展起来。宏观经济学诞生的标志是凯恩斯于1936年出版的《就业、利息和货币通论》。宏观经济学在20世纪30年代奠定基础，二战后逐步走向成熟并得到广泛应用，60年代后的“滞胀”问题使凯恩斯主义的统治地位受到严重挑战并形成了货币主义、供给学派、理性预期学派对立争论的局面，90年代新凯恩斯主义的形成又使国家干预思想占据主流。宏观经济学是当代发展最为迅猛，应用最为广泛，因而也最为重要的经济学学科。

2. 答：GDP是现代国际社会用来衡量各国经济发展水平的极为重要的标准。虽然GDP概念被普遍运用，但是它在衡量各国经济活动时，却并非一个完美无缺的标准。作为衡量一国经济水平的标准，GDP有以下几个缺点：

（1）GDP不能完全反映一个国家的真实生活水平。

因为GDP的统计数据基本是根据市场交换而获得的，那些虽没有经过市场交换，但却对人们生活水平有重大影响的经济活动就不能通过GDP反映出来。例如，在一个自给自足程度较高的经济社会，其GDP数据一定低估了人们的实际生活水平。所以，由于每个国家的经济社会结构不同，GDP便不能作为一个精确的衡量标准加以比较。另外，人们的休息、娱乐也是生活水平的一个重要组成部分，GDP对此却没有反映。假如GDP的下降幅度不至于严重影响人们的物质生活水平，而当减少劳动时间造成GDP这种下降时，人们可能会因获得更充足的休息时间而感到幸福。

（2）GDP不能反映一个国家的产品和服务的结构。

比如两个国家的GDP相同，其中一个国家的经济活动主要在于制造导弹、武器等军用品；另外一个国家却主要在于建立学校教育设施、文化体育中心以及公园等娱乐场所，则GDP无法对两者的差别做出反映。而这两个国家在产品和服务上结构的不同，对各自国家人民的生活影响很大。

（3）GDP不能反映产品和服务的进步。

由于GDP的数据是根据产品和服务的市场价格统计而得，而生产技术水平的进步可能会降低产品和服务的市场价值，因而GDP不能反映出这种技术水平的进步。例如现在生产出来的汽车要比半个世纪以前生产的小汽车质量、性能都好得多，但由于社会生产力的提高，现在的生产成本可能比过去低得多，而GDP对此却无法反映出来。

（4）GDP的统计有一定的误差。

GDP许多数据是根据抽样调查得出来的，其中包含一定的误差。有些是根据人们的申报得出来的，由于种种原因，人们在申报时往往并不反映真实情况，因而统计出来的数字存在一定程度的虚假成分。此外，由于各国的情况不同，具体的政策规定不同，故统计出来的GDP并不基于同样的标准。

鉴于以上问题，西方经济学家从不同的角度加以修正，提出经济净福利、物质生活质量指数等计算方法和指标。近年来，经济学家试图采用“扩充国民收入账户”来修正国民收入衡量的缺陷。其中一项加项为地下经济，但不是所有的地下经济都是加项，例如，医生、保姆、农民的地下活动应计入加项，而赌博、贩毒等地下经济则不计入。一项减项为环境的破坏。

3. 答：政府给公务员发工资要计入 GDP 是因为公务员提供了为社会工作的服务，政府给他们的工资就是购买他们的服务，因此属于政府购买；而政府给灾区或困难人群发的救济金，并不是因为灾区或困难人群提供了服务，创造了收入，相反，是因为他们发生了经济困难，丧失了生活来源才给予其救济的，因此这部分救济金属于政府转移支付，不计入 GDP。政府转移支付只是简单地通过税收（包括社会保险税）把收入从一个人或一个组织手中转移到另一个人或另一个组织手中，并没有相应的货物或劳务的交换发生。所以政府转移支付和政府购买虽都属政府支出，但前者不计入 GDP 而后者计入 GDP。

4. 答：(1) 虽然购买债券和股票对购买者而言可以称为一种“投资”，但经济学上规定的投资与我们通常意义上的投资不一样。经济学上的投资是指增加或更换资本资产（包括厂房、住宅、机械设备及存货）的支出。经济学上的投资是固定资产投资和存货投资。固定资产投资包括新厂房、新设备、新商业用房和新住宅的增加；存货投资是指存货价值的增加（也存在减少的可能性）。投资是一定时期内增加到资本中的资本流量。GDP 计算时，采用的是总投资而不是净投资。

人们购买债券和股票只是一种证券交易活动，并不是实际的生产经营活动。人们买了债券或股票，是一种产权转移活动，因而不属经济学意义的投资活动，也不能计入 GNP。当公司从人们手里取得了出售债券或股票的货币资金再去购买厂房或机器设备时，才是投资活动。

(2) 国民收入核算中核算的是运用生产要素所生产的全部最终产品的市场价值。购买股票和债券的资金，在购买时还没有用于生产，不能产生最终产品，更谈不上价值。但是如果购买股票和债券时支付了一定的佣金和未来可能产生的股息和利息，则应该归入国民收入的核算。因为前者为经纪人的劳务，而后者则是资金利用后的增值。

5. 答：这有以下两点原因。

(1) 购买公司债券实际上是借钱给公司用，公司从人们手中借到了钱作生产用，比如购买机器设备，就是提供了生产性服务，可被认为创造了价值，因而公司债券的利息可看作是资本这一要素提供生产性服务的报酬或收入，当然要计入 GDP。

（2）政府的公债利息被看作是转移支付，因为政府借的债不一定投入生产活动，而往往是用于弥补财政赤字。政府公债利息常常被看作是利用从纳税人身上所取得的收入来加以支付的，因而习惯上被看作是转移支付。

6. 答：（1）政府转移支付不计入 GDP，政府转移支付只是简单地通过税收（包括社会保险）把收入从一个人（或组织）转移到另一个组织手中，并没有相应的货物或劳务的交换发生。

（2）购买一辆旧车也不计入 GDP，因为旧车在第一次销售时，已被计入 GDP，旧车销售只不过是最终经济产品从一个消费者手中转移到另一消费者手中而已。

（3）购买普通股票也不计入 GDP，因为购买股票不是增加或替换资本资产的行为，而只是一种证券交易活动，并没有实际的生产经营活动发生。它不属于投资。

7. 答：从我国近几年经济发展的实际情况来看，GDP 增长虽快，但是城乡居民可支配收入增长却落后于 GDP 的增长，构成 GDP 增长和居民可支配收入增长的矛盾。出现这种情况的原因可以从以下几个方面解释：

（1）生产要素报酬意义上的国民收入并不会全部成为个人的收入。例如，利润收入中要给政府缴纳公司所得税，公司还要留下一部分利润不分配给个人，只有一部分利润才会以红利和股息形式分给个人。职工收入中也有一部分要以社会保险费的形式上缴有关机构。另一方面，人们也会以各种形式从政府那里得到转移支付，如退伍军人津贴、工人失业救济金、职工养老金、职工困难补助等。因此，从国民收入中减去公司未分配利润、公司所得税及社会保险税（费），加上政府给个人的转移支付，大体上就得到个人收入。

个人收入不能全归个人支配，因为要缴纳个人所得税。个人可支配收入，即人们可用来消费或储蓄的收入。税后的个人收入才是个人可支配收入（DPI）。可见，个人可支配收入与国内生产总值的关系为：

国内生产总值=个人可支配收入+个人所得税+公司未分配利润+公司所得税+社会

保险税-转移支付

从这个公式分析，在个人可支配收入增长缓慢的情况下，由于个人所得税、公司未分配利润、公司所得税和社会保险税的快速增长，完全有可能导致国内生产总值的快速增长。

（2）从我国实际情况看，GDP 快速增长而居民可支配收入却增长缓慢的原因主要是国内消费需求不足，经济增长是国债和外贸两个外力支撑的结果，从而表现出固定资产投资比重超常规增长，居民可支配收入和消费支出增长缓慢。最终导致居民可支配收入增长缓慢的情况下，GDP 仍获得快速增长。体现在支出法计算 GDP 的公式中：$GDP=C+I+G+(X-M)$，在消费 C 增长缓慢的情况下，GDP 的快速增长源于投资 I 和净出口 $(X-M)$ 的快速增长。

积极的财政政策所筹集来的国债资金主要用于投资，其政策导向是积极地扩大固定资产投资来拉动国民经济的适度快速增长。固定资产投资的快速增长已经成为扩大内需的主要因素，但是另一方面，我们必须注意到，随着连续多年在国民收入的分配中，固定资产投资的增长速度超过了 GDP 的增长速度，投资占 GDP 的比率已经达到了相当高的水平，以至于我们应该注意国民收入分配关系中的消费与积累的适度平衡问题了。十年前在制定“十五”计划时，人们认为 30%左右的投资率可能是合适的。而进入 21 世纪之后，我国的投资占 GDP 的比率已经达到了将近 40%的水平。在实施积极的财政政策之前，我国的投资占 GDP 的比率已经处于逐渐攀升的状态，而实施积极的财政政策之后，这种比率上升的趋势明显加强。保持投资与消费比例关系的适度平衡，是宏观经济管理工作的一个重要内容，千万不可忽视。

投资占 GDP 的比率的明显攀升必然造成消费占 GDP 的比率的逐步下降。而消费下降的主要原因是居民收入增长的缓慢。连续多年我国居民的人均收入增长速度明显低于 GDP 的增长速度，这也是国民收入分配中存在的一个不容忽视的问题。20 世纪 90 年代后期出现的农村居民和城市低收入群体的收入增长近乎停滞，更是需要我国政府认真解决的问题。在消费领域内，主要有两方面的问题：一是消费需求增长相对不足，2001 年上半年消费增长对 GDP 增长的贡献率不足 40%，低于上年；二是不同收入阶层之间的收入差距进一步拉大，据统计，表征我国居民收入差距的基尼系数已经接近了国际公认的0.4的警戒线。这两个问题的存在十分不利于中长期有效需求的扩大。

8. 答：（1）在国民收入核算体系中，存在的储蓄投资恒等式完全是根据储蓄和投资的定义得出的。根据定义，国内生产总值总等于消费加投资，国民总收入则等于消费加储蓄，国内生产总值又总等于国民总收入，这样才有了储蓄恒等于投资的关系。这种恒等关系就是两部门经济的总供给（$C+S$）和总需求（$C+I$）的恒等关系。只要遵循储蓄和投资的这些定义，储蓄和投资一定相等，而不管经济是否充分就业或通货膨胀，即是否均衡。

（2）但这一恒等式并不意味着人们意愿的或者说事前计划的储蓄总会等于企业想要有的投资。在实际经济生活中，储蓄和投资的主体及动机都不一样，这就会引起计划投资和计划储蓄的不一致，形成总需求和总供给不平衡，引起经济扩张和收缩。分析宏观经济均衡时所讲的投资要等于储蓄，是指只有计划投资等于计划储蓄时，才能形成经济的均衡状态。这和国民收入核算中的实际发生的投资总等于实际发生的储蓄这种恒等关系并不是一回事。

9. 答：储蓄-投资等式是根据储蓄和投资的定义得出的。根据定义，以两部门经济为例，国内生产总值等于消费加投资，国民总收入等于消费加储蓄。国内生产总值等于国民总收入。这样，只要遵循定义，储蓄恒等于投资，而不管经济是否出于充分就业或者是出于均衡。而实际生活中，储蓄主要由居民进行，而投资主要由企业进行，个人的储蓄动机和企业的投资动机不一样，这才会导致计划储蓄和计划投资的不一致从而引起经济的扩张或收缩。在分析宏观经济均衡时，要求的投资等于储蓄，是指计划投资等于计划储蓄，或事前储蓄等于事前投资。在国民经济核算时的储蓄等于投资是指从国民收入的会计角度出发，事后的储蓄等于事后的投资。

10. 答：两者之间的区别在于以下四点。

（1）研究的对象不同。微观经济学研究组成整体经济的单个经济主体的最优化行为，而宏观经济学研究一国整体经济的运行规律和宏观经济政策。

（2）解决的问题不同。微观经济学要解决资源配置问题，而宏观经济学要解决资源利用问题。

（3）中心理论不同。微观经济学的中心理论是价格理论，所有的分析都是围绕价格机制的运行展开的，而宏观经济学的中心理论是国民收入（产出）理论，所有的分析都是围绕国民收入（产出）的决定展开的。

（4）研究方法不同。微观经济学采用的是个量分析方法，而宏观经济学采用的是总量分析方法。

两者之间的联系主要表现在以下三点。

（1）相互补充。经济学研究的目的是实现社会经济福利的最大化。为此，既要实现资源的最优配置，又要实现资源的充分利用。微观经济学是在假设资源得到充分利用的前提下研究资源如何实现最优配置的问题，而宏观经济学是在假设资源已经实现最优配置的前提下研究如何充分利用这些资源。它们共同构成经济学的基本框架。

（2）微观经济学和宏观经济学都以实证分析作为主要的分析和研究方法。

（3）微观经济学是宏观经济学的基础。当代宏观经济学越来越重视微观基础的研究，即将宏观经济分析建立在微观经济主体行为分析的基础上。

由于微观经济学和宏观经济学分析问题的角度不同，分析方法也不同，因此有些经济活动从微观看是合理的、有效的，而从宏观看是不合理的、无效的。例如，在经济生活中，某个厂商降低工资，从该企业的角度看，成本低了，市场竞争力强了，但是如果所有厂商都降低工资，则上面降低工资的那个厂商的竞争力就不会增强，而且职工整体工资收入降低以后，整个社会的消费以及有效需求也会降低。同样，一个人或者一个家庭实行节约，可以增加家庭财富，但是如果大家都节约，社会需求就会降低，生产和就业就会受到影响。

11. 答：如果 A、B 两国合并成一个国家，则两国贸易变成了一国两地区之间的贸易，从而影响 GNP 总和。因为两国未合并时，双方可能有贸易往来，这种贸易只会影响 A 或 B 国的 GNP，对两国 GNP 总和不会发生影响。例如，A 国向 B 国出口机器价值 50 万元，B 国向 A 国出口粮食，价值 45 万元，从 A 国看，计入 GNP 的有净出口 5 万元，计入 B 国的 GNP 有净出口 5 万元。如从两国 GNP 总和看，两者合计为 0。如果合并成一个国家，上述贸易变成了一国两地区之间的贸易，无论是从收入还是从支出的角度看，计入 GNP 的价值都为 95 万元。

12. 答：（1）诺贝尔经济学奖获得者萨缪尔森在《经济学》教科书中把 GDP 称作是二十世纪最伟大的发明之一。GDP 代表一国或地区所有常驻单位在一定时期内全部生产活动（包括产品和劳务）的最终成果，是社会总产品价值扣除了中间投入价值后的余额，也就是当期新创造财富（包括有形和无形）的价值总量。由于 GDP 是以一个国家或地区所有经济单位（包括住户）的生产成果为对象进行核算的，它的核算覆盖国民经济所有行业，并具有国际上通用的核算原则与方法，是衡量国家之间、地区之间经济活动总量的国际通用语言，因此 GDP 是全世界通用的最重要的宏观经济指标，是一个国家或地区总体经济实力的根本体现，是国民经济宏观调控的重要参数，尤其是在政府制定经济政策、实行宏观监控以及宏观经济分析方面具有重要意义。

但是，GDP 具有局限性。GDP 不能反映经济发展对资源环境所造成的负面影响，不能准确地反映经济增长质量，不能准确地反映一个国家或地区的财富变化，GDP 也不能反映某些重要的非市场经济活动，更不能反映一个国家或地区收入分配的差异和社会公平度，因此 GDP 不是万能的。

（2）1992 年里约会议之后，可持续发展观被世界各国政府广泛认同。人们普遍意识到需要对传统的国民经济核算体系进行修正，从传统意义上的 GDP 中扣除不属于真正财富积累的虚假部分，从而再现一个真实的、可行的、科学的指标，即“真实 GDP”，也就是人们所说的“绿色 GDP”，使其能更准确地说明增长与发展的数量表达和质量表达的对应关系。“绿色 GDP”这个指标实质上代表了国民经济增长的净的正效应。绿色 GDP 的比重越高，表明经济增长的正面效应越高，即为社会创造的财富越多；负面效应越低，即向生态环境索取资源、排放废物或破坏生态环境的情况越少，反之亦然。用绿色 GDP 替代传统的 GDP 可以较为真实地衡量经济发展的水平，衡量经济福利水平的提高程度，弥补传统 GDP 的不足。

13. 答：剔除中间产品，是为了避免 GDP 的重复计算。若中间产品被计算在内，则会严重地重复计算。为了避免重复，可用价值增加值法。

14. 答：产出指国内生产总值的生产，亦即新创造的价值，而不是各经济部门的产品价值总和。假定某纺纱厂 1 年产出成品（纱）值 20 万元，其中包括消费棉花价值为 15 万元，则创造的价值只有 5 万元，而不是 20 万元。

为什么产出等于收入呢？如果我们暂不考虑折旧和间接税，那么，新创造的这 5 万元价值就被认为是生产纱的所投入的生产要素（劳动、土地、资本及企业家管理才能）共同创造的，因而要化为这些要素的报酬，即工资、地租、利息和利润。其中利润是产品卖价 20 万元扣除原材料价格、工资、利息和地租后的余额。假定工资是 2 万元，利息是 1.5 万元，地租是 0.5 万元，则利润就是 1 万元。因此，总产出等于总收入。

总产出等于总支出是指就全社会来看，总产出等于购买最终产品的支出。例如，假定一件上衣卖 500 元，就意味着消费者购买时支出 500 元，而这 500 元又是许多与之有关的生产经营者（如棉农、纱厂、织布厂、制衣厂、售衣商等）创造的价值即产出。上衣是如此，千千万万最终产品也是如此，因而就全社会来看，总产出就等于购买最终产品的总支出。

（五）计算题

1. 解：（1）按收入法计算 GDP：

GDP = 工资 + 利息 + 租金 + 利润 + 间接税减津贴

= 100+10+30+20+10 = 170（亿美元）

（2）按支出法计算 GDP：

GDP = 消费 + 投资 + 政府支出 +（出口 − 进口）

= 90+60+30+（60−70）= 170（亿美元）

（3）政府预算赤字 = 政府支出 − 税收

其中，税收 = 所得税 +（间接税 − 津贴）

=30+10=40（亿美元）

政府支出=政府购买支出+转移支付

=30+5=35（亿美元）

所以，政府支出-税收=35-40=-5（亿美元），即政府预算有盈余5亿美元。

（4）收入分配为消费、储蓄和政府净收入，即：

收入=消费+储蓄+（税收-转移支付）

储蓄=收入-消费-税收+转移支付=170-90-40+5=45（亿美元）

或，因为（投资-储蓄）+（政府支出-税收）+（出口-进口）=0

所以储蓄=（政府支出-税收）+（出口-进口）+投资

=-5+（60-70）+60=45（亿美元）

（5）计算进出口盈亏

进出口盈亏=出口-进口=60-70=-10（亿美元）

2. 解：（1）国内生产总值=消费+总投资+政府购买+净出口

=500+（125+50）+200+15

=890（亿美元）

（2）国内生产净值=国内生产总值-资本折旧

=890-50

=840（亿美元）

（3）国民收入=国内生产净值-企业间接税

=840-75

=765（亿美元）

（4）个人收入=国民收入-公司未分配利润-公司所得税-社会保险金

+政府转移支付

=765-100-50-130+120

=605（亿美元）

（5）个人可支配收入＝个人收入－个人所得税

＝605－80

＝525（亿美元）

3. 解：（1）国内生产净值＝国内生产总值－资本消耗补偿，而资本消耗补偿即折旧等于总投资减净投资后的余额，即 500＝800－300（亿美元），因此国内生产净值＝4 800－500＝4 300（亿美元）

（2）从 $GDP=c+i+g+nx$ 中可知 $nx=GDP-c-i-g$，因此，净出口 nx＝4 800－3 000－800－960＝40（亿美元）

（3）用 BS 代表政府预算盈余，t 代表净税收即政府税收减去政府转移支付后的收入，则有 $BS=t-g$，从而有 $t=BS+g$＝30＋960＝990（亿美元）

（4）个人可支配收入本来是个人收入减去个人所得税后的余额，本题条件中没有说明间接税、公司利润、社会保险税等因素，因此，可从国内生产净值中直接得到个人可支配收入，即 $y_d=nnp-t$＝4 300－990＝3 310（亿美元）

（5）个人储蓄 $s=y_d-c$＝3 310－3 000＝310（亿美元）

4. 解：（1）1990 年名义国内生产总值＝1. 5×25＋7. 5×50＋6×40＋5×30＋2×60

＝922. 5（美元）

1992 年名义国内生产总值＝1. 6×30＋8×60＋7×50＋5. 5×35＋2. 5×70

＝1 245. 5（美元）

（2）1992 年的实际国内生产总值＝1. 5×30＋7. 5×60＋6×50＋5×35＋2×70

＝1 110（美元）

（3）1990—1992 年的国内生产总值价格指数为 1 245. 5/1 110＝112. 2%

可见 1992 年价格比 1990 年价格上升了 12. 2%。

5. 解：（1）支出法生产总值＝消费＋投资＋政府购买＋净出口

显然该地区的净出口增加了 2 000 万元，而其他项没有变化，所以该地区生产总值增加了 2 000 万元。

（2）产生同样的结果，因为此做法相当于增加了 2 000 万元的政府购买，而其他项没有变，所以最终该地区生产总值仍然增加了 2 000 万元。

（3）增加，但增加的幅度会比较小，因为这 2 000 万元是以补贴的形式出现的，并不能记入该地区生产总值，而当居民拿到这 2 000 万元后，会将其中的 60%存起来，其余的 40%会用于投资或消费。因为居民只会将其中的 40%用于消费或投资，即只能使该地区生产总值增加 800 万。相对（1）来说，显然这种做法对该地区生产总值的贡献比较小。

6. 解：（1）由 $y_d=c+s$ 可知 $s=y_d-c=5\ 100-3\ 800=1\ 300$（美元）

（2）由 $i+g+(x-m)=s+t$ 可知：

$i=s+(t-g)+(m-x)$

$=1\ 300-200+100=1\ 200$（美元）

（3）由 $yd=y+tr-t$ 可知：

$tr-t=5\ 100-6\ 000=-900$

由 $g+tr-t=200$ 得：$g=1\ 100$（美元）

7. 解：根据政府预算可知，$BS=g+tr-t=0$，其中：tr 为转移支付，t 为税收，

故可得：$g=t-tr=300$，

由于个人可支配收入：$y_d=c+s=1\ 000+100=1\ 100$

同时个人可支配收入：$y_d=y-t+tr=y-(t-tr)=1\ 100$

所以，$y=y_d+(t-tr)=1\ 100+300=1\ 400$

8. 解：根据四部门经济投资—储蓄恒等式，$i=s+(t-g)+(m-x)=200+(-50)+10=160$

9. 解：用支出法核算 GDP：$GDP=c+i+g+(x-m)$

由已知可得：$c=350$，$i=150$

$t-(g+tr)=-120$，移项之后可得，$(t-tr)-g=-120$，又由已知可得，$tr-t=20$，将其带入前式，则 $g=(t-tr)-(-120)=100$

将 c、i、g 的值带入支出法核算 GDP 的公式可得：$500=350+150+100+(x-m)$

则：$nx=(x-m)=-100$

如果这种状况持续下去，国民净资产将减少，居民可支配收入也将减少。

第二章　国民收入的决定：收入—支出模型

（一）单项选择题

1	2	3	4	5	6	7	8	9	10
A	D	B	B	B	C	C	C	B	B
11	12	13	14	15	16	17	18	19	20
C	D	A	D	B	C	A	D	A	D
21	22	23	24	25	26				
C	B	D	C	D	A				

（二）多项选择题

1	2	3	4	5	6	7	8	9	10
ABCD	BD	BD	ABC	ABCD	ABD	ABC	AB	ABCE	ABCD

（三）辨析题

1	2	3	4	5	6	7	8	9	10
×	√	×	×	×	×	√	×	×	×
11	12	13							
×	×	×							

（四）问答题

1. 答：凯恩斯的收入决定理论的核心在于需求决定供给，支出决定收入。这种收入决定理论的假设是：（1）潜在的国民收入水平不变，即生产能力不变．资源数量不变．技术水平不变。（2）各种资源没有充分利用，即总供给可以适应总需求的增加而增加。（3）价格水平不变，或者说价格黏性，经济能以不变的价格提供需求的供给量。

2. 答：凯恩斯的收入决定理论假设边际消费倾向随收入的增加而逐渐递减。他认为经济在没有达到充分就业的状态下仍可以处于一种稳定状态，这种稳定状态的存在与边际消费倾向递减有关。具体而论，当社会的实际收入下降，由于边际消费倾向递减，消费量不会同比例减少，这样就不会使得经济进一步衰退，即边际消费倾向递减规律事实上起到了一种自动稳定器的作用，使经济不会过度衰退，同理也不会过度繁荣。

3. 答：乘数作用，即在消费函数确定的条件下，一定的投资增加可以导致国民收入以初始投资的倍数增加。其乘数作用能够发挥作用的条件有两个：一是要有可利用的劳动力用于增加生产；二是要有一定量的存货用于增加生产。换言之，必须在资源没有充分利用的情况下，乘数作用才能体现。

4. 答：不能。平均消费倾向为 $APC=\frac{c}{y}$，即考察一定收入水平上消费所占比例；边际消费倾向为 $MPC=\frac{\Delta c}{\Delta y}$，即考察消费支出变动量与收入变动量之间的关系。MPC 总是大于 0 小于 1，因为在一般情况下，消费者增加收入后，既不会完全不增加消费，也不会把增加的收入全部用于消费，通常一部分用于增加消费，另一部分用于储蓄。而 APC 不同，人们收入很低甚至是 0 时也要有必需的消费，甚至借款消费，这时，平均消费倾向显然会大于 1。

5. 答：预期收入变化与当年收入变化对消费的影响是不同的。前者影响大而后者影响小。以收入提高为例，预期收入提高是指以后各年收入都提高，这对消费的影响非常大。当年收入提高是指仅仅当年收入提高，而预期以后各年收入都不变。这样，当年提高的收入必须分配于以后各年的消费支出，对当年消费的影响自然很小。

6. 答：（1）价格机制短期配置资源存在失灵。1929—1932 年世界性的经济危机，使得资本主义国家 70%的工厂倒闭、破产，当时的美国 GDP 缩水了 2/3。工厂开工不足，出现大量的失业和其他要素（资源）闲置和浪费，导致国民收入水平急剧下降，市场物价低迷和萧条。大量的政治家和经济学家痛定思痛，都认为整个经济由价格来配置资源，存在不可避免的微观失灵和宏观失灵现象，其中宏观失灵表现为经济周期性的波动。经济周期性的繁荣和萧条交替进行，给老百姓带来了无穷尽的心理压力和生活水平的大起大落。（2）凯恩斯迎合了政府短期行为的需求。西方国家的政治制度和选举制度的导向，使得政府存在短期行为的现象。因为，政府要想连任，必须在选举年前使经济处于繁荣状况，这样才能多地赢得选民的选票。所以通过政府加以干预，可以在短期内使经济由萧条走向繁荣，而由价格自发地进行调节则需要很长的时间。这就像我们在生活中得了感冒病一样，不用药物治疗，依靠自身的自我调节也可以康复。其优点是激发了肌体的能力从而增强自身抵抗疾病的能力；缺点是需要很长的时间。而吃两片西药，身体很快就能痊愈。其优点是来得快，去得也快；缺点是人的肌体产生对药物的依赖，长此以往是一件危险的事情。

7. 答：他们的理由是，富有者的消费倾向较低，储蓄倾向较高，而贫穷者的消费倾向较高（因为贫穷者收入低，为维持基本生活水平，他们的消费支出在收入中的比重必然大于富者），因而将一部分国民收入从富有者转给贫穷者，可以提高整个社会的消费倾向，从而提高整个社会总消费支出水平，于是总收入水平就会随之提高。

（五）计算题

1. 解：（1）因为 $y=c+i=100+0.8y+50$，所以 $y=750$

$c=100+0.8\times750=700$

$s=y-c=750-700=50$

（2）因为 $y=c+i=100+0.8y+100$，所以 $y=1\ 000$

比原来增加了 $1\ 000-750=250$

（3）函数变化后，因为 $y=c+i=100+0.9y+50$，所以 $y=1\ 500$

比原来增加了 $1\ 500-750=750$

（4）原消费函数下乘数 $k=\frac{1}{1-\beta}=\frac{1}{1-0.8}=5$

变化后乘数 $k=\frac{1}{1-\beta}=\frac{1}{1-0.9}=10$，可见乘数增大了 1 倍

2. 解：（1）因为 $y=c+i+g \quad c=100+0.8yd \quad yd=y-t+tr$

$\therefore y=100+0.8yd+50+200$

$\therefore y=100+0.8(y-250+62.5)+50+200$

$\therefore y=1\ 000$

（2）投资乘数

$$k_1=\frac{1}{1-\beta}=\frac{1}{1-0.8}=5$$

政府购买乘数

$$k_g=\frac{1}{1-\beta}=\frac{1}{1-0.8}=5$$

转移支付乘数

$$k_{tr}=\frac{\beta}{1-\beta}=\frac{0.8}{1-0.8}=4$$

税收乘数

$$k_t=\frac{-\beta}{1-\beta}=\frac{-0.8}{1-0.8}=-4$$

平衡预算乘数

$$k_b=k_g+k_t=5+(-4)=1$$

（3）原来均衡收入为 1 000，现在需要达到 1 200，则缺口 $\Delta y=200$

政府增加购买：

$$\Delta g=\frac{\Delta y}{k_g}=\frac{200}{5}=40$$

减少税收：

$\Delta t=\frac{200}{|k_t|}=\frac{200}{4}=50$

由题意得

$1\ 200=100+0.8[1\ 200-(t+\Delta t)+t_r]+i+(g+\Delta g)$

$\Delta g=\Delta t \quad \Delta g=\Delta t=200$

即同时增加政府购买 200 和税收 200 就能实现充分就业。

3. 解：（1）因为 $y=c+i+g \quad c=50+0.8yd \quad yd=y-t+tr$

$\therefore y=50+0.8yd+150+200$

$\therefore y=50+0.8(y-0.35y+100)+150+200$

$\therefore y=1\ 000$

（2）$BS=ty-g-tr=0.35\times1\ 000-200-100=50$

（3）因为 $y=c+i+g \quad c=50+0.8yd \quad yd=y-t+tr$

$\therefore y=50+0.8yd+150+200$

$\therefore y=50+0.8(y-0.15y+100)+150+200$

$\therefore y=1\ 500$

（4）当边际消费倾向变为 0.9 时，$y=50+0.9yd+150+200$

$\therefore y=50+0.9(y-0.35y+100)+150+200$

$y=1\ 180.72$

预算盈余：$BS=ty-g-tr=0.35\times1\ 180.72-200-100=113.25$

预算盈余的变化：$\triangle BS=113.25-50=63.25$。预算盈余变大了。

（六）作图题

答：决定国民收入大小的主要方面在总需求，因此凡是使总需求增加的因素都会使国民收入增加，即投资增加（储蓄减少）。增加政府支出（减少税收）、增加消费都可以增加国民收入，反之亦然。短期国民收入的均衡条件为 $S+T=I+G$。我们又通常把等式右边使国民收入增加的因素称为注入因素，把左边使国民收入减少的因素称为漏出因素。如图 1 所示：当注入因素政府支出 G 增加时，使总需求曲线向上平移，结果使国民收入增加，由 Y_0增加到 Y_1。

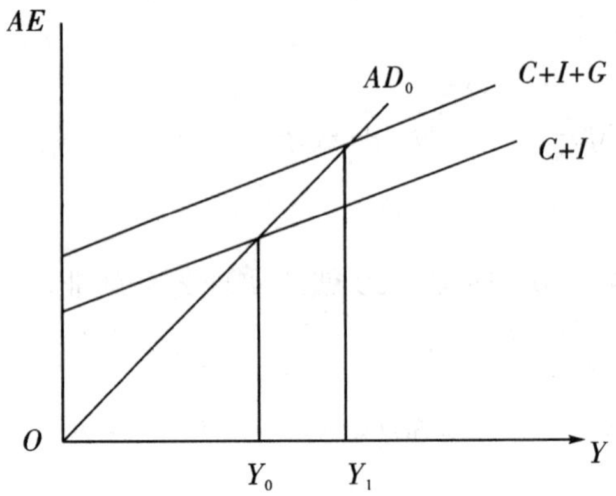

图 1　各影响因素的影响结果图

第三章　国民收入的决定：IS-LM 模型

（一）单项选择题

1	2	3	4	5	6	7	8	9	10
B	D	A	B	D	B	A	A	B	B
11	12	13	14	15	16	17	18	19	20
B	B	C	A	B	B	B	C	A	A
21	22	23	24	25	26	27	28	29	30
B	A	A	D	C	C	D	A	C	A
31	32	33	34	35					
C	D	D	D	B					

（二）多项选择题

1	2	3	4	5	6	7	8	9	10
BD	BCD	AB	BC	AD	BC	AD	BD	AC	AB
11	12	13	14	15					
BC	ABD	BC	AD	CD					

（三）辨析题

1	2	3	4	5	6	7	8	9	10
√	×	√	×	×	×	×	×	×	√
11	12	13	14	15	16	17	18	19	20
√	×	√	×	√	√	×	×	√	√

（四）问答题

1. 答：经济学中所讲的投资，是指资本的形成，即社会实际资本的增加，包括厂房、设备和存货的增加，新的住宅建筑等。决定投资的因素很多，主要的因素是实际利率水平、预期收益和投资风险等。

（1）实际利率水平与投资

是否对新的实物资本进行投资取决于这些新投资的预期利润率与为购买这些资产必须借进的款项所要求的利率的比较，前者大于后者时，投资是值得的。因此在决定投资的诸因素中，利率是首要因素。在投资的预期利润率既定时，企业是否进行投资，首先就决定于实际利率的高低。利率上升时，投资需求量就会减少；利率下降时，投资需求量就会增加，投资是利率的减函数。

（2）预期收益与投资

影响投资需求的另一个重要方面是预期收益，即一个投资项目在未来各个时期估计可得到的收益。影响预期收益的因素也是多方面的，主要包括以下三个方面：第一，对投资项目的产出的预期。企业决定某项目的投资及投资多少，首先会考虑市场对该项目产品的未来需求情况，假设一定的产出量会要求一定的设备量来提供，则预期市场需求增加多少，就会相应要求投资多少。第二，产品成本。投资的预期收益在很大程度上取决于投资项目的生产成本，尤其是劳动者的工资成本，工资成本上升在其他条件不变时会降低企业利润，减少投资预期收益。第三，投资抵免税。投资抵免税对投资的影响，在很大程度上取决于这种政策是临时性的还是长期的，对于临时性的政策，效果可能也是临时的。

（3）投资风险与投资

投资需求还与企业对投资的风险考虑密切相关。高的投资收益往往伴随着高的投资风险，如果收益不足以弥补风险可能带来的损失，企业就不愿意投资。一般来说，整个经济趋于繁荣时，企业对未来会看好，从而会认为投资风险较小，而经济呈下降趋势时，企业会感觉投资风险较大。因此投资需求与投资者的乐观和悲观情绪相关，实际上，这说明投资需求随人们承担风险的意愿和能力的变化而变动。

2. 答：企业赢利获得的利润主要用于投资和购买债券，在保持企业利润不变的前提下，当购买债券的数量增加时，用于投资的资金就会减少。因为债券价格与利率成反比，所以当利率很高的时候，就意味着债券价格较低，人们就会预期将来债券的价格只会升不会跌，这时候企业持有债券有利，当企业预期当前持有债券的收益将会大于同样的金额用于投资的预期收益时，就会增加当前的债券购买数量，减少投资金额。

所以，虽然企业通常利用自有资金进行投资，不需要借贷，但是当存在较高利率，使得企业购买债券的预期收益大于投资的预期收益，那么较高的利率同样会使企业的投资减少。

3. 答：投资税收减免就是政府允许企业在投资支出中扣除一定比例的税收，降低资本使用成本，从而增加投资。由于投资是在长期中进行的，一项工程的投资往往需要几年才能完成，具体在什么时期，投资是具有一定的灵活性的。

①由于税收减免政策仅仅持续一年，企业将充分利用该优惠政策，将几年内的投资相当集中地在来年完成，而大量减少今年及来年以后几年的投资。

②如果投资税收减免政策是长期的，对投资时间的确定就影响不大，仅会减少今年的投资量。从长期来看，投资量的分布是均匀的。

4. 答：人们对货币的需求动机有三种。一是对货币的交易动机。交易需求是指为应付日常交易而产生的对货币的需求。它根源于收入支出的不同步性。二是预防动机，指为了预防意外支出而产生的对货币的需求。它根源于未来收入和支出的不确定性。由于货币的交易需求和预防需求都是收入的增函数，常总称为交易需求。三是货币的投机动机，是指为了购买有利可图的债券而产生的对货币的需求。它根源于未来利率的不确定性，是利率的减函数。

当利率极低时，一方面人们持有货币成本极低，另一方面债券的价格极高，人们预期利率只升不跌，有价证券价格只跌不升，因而会将所持的有价证券全部换成货币，即对货币投机需求无限大，这种情况被称作“流动性偏好陷阱”。

5. 答：①投机动机；②交易动机；③预防动机；④预防动机；⑤交易动机；⑥交易动机。

6. 答：投机动机产生的原因是人们对非货币投资的安全性和收益不确定性。

不可能每个人的投机动机都相同。假定除货币外只有债券一种资产，如果人人的投机动机都一样，都认为债券价格下跌而持有货币，那么债券的价格会因缺乏需求而跌至零。但事实上，正因为不同的人有不一样的投机动机，所以在债券价格跌至零以前，人们都会认为购买债券划得来而使债券需求增加，价格回升。

7. 答：⑤⑦⑥①③②④⑧

8. 答：人们都偏好持有流动性强的资产，即都偏好流动性。如果要人们放弃流动性强的资产，即放弃流动性偏好，就必须支付一定的报酬，这种报酬，就是利息。利息是放弃货币即把货币借出去所得到的报酬。

（1）均衡利率的决定

利息的多少由利率决定。既然利息是放弃货币的报酬，那么，利息的多少或利率的高低一定与货币市场上的供求有关。在货币供给既定的条件下，利率的高低与流动性偏好即货币需求正相关，货币需求越多，利率就越高。如果货币需求非常强烈，人们都不大愿意放弃货币而去持有其他资产，借钱就比较困难，必须给予很高的报酬才能诱使人们放弃货币；在货币需求既定的条件下，货币供给越多，利率就越低，利率的高低与货币的供给量负相关。如果货币供给量较多，借钱就比较容易，因而诱使人们放弃一部分货币的报酬就可以低些。货币供给一般认为是中央银行给定的外生变量，因而利率决定关键在于货币需求。均衡利率是由货币供给与货币需求相等决定，即货币市场达到均衡时的利率。

（2）均衡利率的变动

均衡利率的变动或是由于货币供给函数的变动，或是由于货币需求函数的变动。货币需求函数的变动或是由于投机货币需求函数变动，或是由于交易货币需求函数变动。货币供给变动引起利率变动。而交易货币需求函数变动实质上就是收入的变动。如果收入增加，则垂直的交易货币需求曲线将向右边移动；反之收入减少，交易货币需求曲线将向左边移动。因此，均衡利率的变动可以追溯到三个原因：货币供给变动、收入变动以及投机货币需求函数变动。

9. 答：反映产品市场上均衡收入和利率相互关系的曲线叫作 IS 曲线。在 IS 曲线上，均衡收入随利率的变动而变动，有无数个。均衡收入到底决定在什么水平上，有赖于利率的决定。因为利率变化会影响投资变化进而影响收入变动。反映货币市场上均衡利率和收入相互关系的曲线叫作 LM 曲线。在 LM 曲线上，均衡利率随收入的变动而变动，有无数个。均衡利率到底稳定在什么水平上，有赖于收入的决定。因为收入变化会影响交易货币需求变化进而影响利率变化。这样，一方面，收入的决定离不开利率的决定，如果不先确定利率水平就无法真正确定收入水平；另一方面，利率的决定也离不开收入的决定，如果不先决定收入水平也无法真正决定利率水平。因此，为了真正说明收入的决定，必须把产品市场和货币市场结合起来，构建统一的 IS-LM 模型，同时决定收入和利率。

10. 答：引起 LM 曲线移动的因素有交易货币需求函数的变动、投机货币需求函数的变动和货币供给函数的变动三个。

（1）交易货币需求函数变动引起的 LM 曲线移动

在货币供给量既定且货币市场始终保持均衡的条件下，交易货币需求量的增加将引起投机货币需求量的等量的减少。根据既定的投机货币需求函数，投机货币需求量的减少导致利率的上升。这样，在每一收入水平上的利率由于交易货币需求增加都比过去提高了。于是，LM 曲线就向左上方移动。如果交易货币需求减少，则 LM 曲线右移。

（2）投机货币需求变动引起的 LM 曲线移动

假定投机货币需求增加，意味着在每一利率水平上，现在的投机货币需求量都增加。在货币供给量既定且货币市场始终保持均衡的条件下，投机货币需求量的增加将引起交易货币需求量的等量减少。根据既定的交易货币需求函数，交易货币需求量的减少导致收入的减少。这样，在每一利率水平上的收入由于投机货币需求增加都比过去减少了。于是，LM 曲线就向左上方移动。如果投机货币需求减少，则 LM 曲线右移。

（3）货币供给变动引起的 LM 曲线移动

假定货币供给量增加，增加的货币供给量或者全部为交易货币需求量吸收，或者全部为投机货币需求量吸收，或者同时为两者吸收。为简单起见，假定它全部为交易货币需求量吸收或全部为投机货币需求量吸收。

货币供给量的增加若全部为交易货币需求吸收，则一方面投机货币需求量 L_2 不变，从而推出利率 r 不变；另一方面交易货币需求量 L_1 增加，从而推出收入 y 增加。综合结果：利率不变而收入增加。故 LM 曲线右移。

货币供给量的增加若全部为投机货币需求吸收，则一方面交易货币需求量 L_1 不变，从而收入 y 不变；另一方面投机货币需求量 L_2 增加，从而推出利率 r 降低。综合结果：收入不变而利率降低。故 LM 曲线右移。同理，如果货币供给量减少，则 LM 曲线左移。

11. 答：新古典综合理论一般假定：①如果产品市场出现供给大于需求，企业就会减少供给；反之，企业就会增加供给。②供给大于需求意味着储蓄大于投资，利率将下降；反之，利率就会上升。由于假定了上述两种调整机制，产品市场上的均衡将自动得到恢复。根据新古典综合理论，货币市场的失衡可以通过债券市场的变动而自动得到校正。在债券的供给给定的条件下，当货币市场出现供大于求时，对债券的需求大于债券的供给。债券价格上升，利率下降，利率的下降又将导致对货币需求的增加，从而导致货币市场均衡的恢复。当货币市场出现供不应求时，相反的调节过程将导致货币均衡的恢复。

12. 答：产品市场和货币市场的非均衡尽管通过市场的作用可以达到同时均衡，但不一定能达到充分就业水平上的同时均衡，因此，还需要政府运用财政政策和货币政策来干预经济生活，使经济达到物价平稳的充分就业状态。

（五）计算题

1. 解：根据现金流量折现分析法。当净收益折现值大于零时，就应投资该项目；反之，就不应投资。

（1）当利率为5%时，该项目的净收益折现值 $=-500+390/(1+0.05)+200/(1+0.05)^2=52.83$ 万元。因为该项目净现值大于零，所以厂商应当投资这一项目。

（2）当利率为10%时，该项目的净收益折现值 $=-500+390/(1+0.1)+200/(1+0.1)^2=19.83$ 万元。因为该项目净现值大于零，所以厂商应当投资这一项目。

（3）当利率为15%时，该项目的净收益折现值 $=-500+390/(1+0.15)+200/(1+0.15)^2=-9.64$ 万元。因为该项目净现值小于零，所以厂商不应当投资这一项目。

2. 解：（1）企业的市价等于该企业每股所得除以市场利率 r 再乘上发行的股票数，

企业市价 $=100\ 000\times E/r_1=100\ 000\times 2.5/0.2=125\ 000$ 元

$Q_1=$ 企业市价/置换成本 $=125\ 000/125\ 000=1$

（2）同理可得：

企业市价 $=100\ 000\times E/r_2=100\ 000\times 2.5/0.18=138\ 888.89$ 元

$Q_2=$ 企业市价/置换成本 $=138\ 888.89/125\ 000=1.11$

3. 解：假设原来的价格水平为1，价格水平下降20%时，实际货币存量 $m=M/p=1\ 000/0.8=1\ 250$ 亿元，即增加25%；

价格水平上升20%时，实际货币存量 $m=M/p=1\ 000/1.2=833.3$ 亿元，即减少16.7%。

4. 解：根据国民收入均衡条件 $i=s$，得：$150-2r=-50+0.2y$，即 $2r=200=0.2y$。

故IS曲线的方程为：$r=100-0.1y$

5. 解：根据利率的均衡条件 $m=L$，得：$200=0.2y-4r$，即 $4r=0.2y-200$。

故 LM 曲线的方程为：$r=0.05$，$y-50$

6. 解：（1）由均衡国民收入 $y=c+i=100+0.7y+200-3r$，可得 IS 曲线的方程为 $r=100-0.1y$；由 $m=L$，即 $100=0.2y-2r$，可得 LM 曲线的方程为 $r=0.1y-50$。

（2）将 IS 曲线的方程和 LM 曲线的方程联立：$r=100-0.1y$；$r=0.1y-50$；

可得产品市场与货币市场同时均衡时的收入和利率 $y=750$，$r=25$

7. 解：（1）$y=c+i+g+(x-m)=100+0.8[y-(20+0.25y)]+(200-5r)+100+[50-(24+0.1y)]$，

可得四部门经济中 IS 曲线的方程为：$r=80-0.1y$。

（2）将 IS 曲线的方程和 LM 曲线的方程联立：

$$\begin{cases} r=80-0.1y \\ r=0.12y-50 \end{cases}$$

可得产品市场与货币市场同时均衡时的收入和利率 $y=600$，$r=22$。

8. 解：（1）$y=c+i=100+0.8y+150$ 得到：$0.2y=250$

即 $y=1\ 250$ …………………………………… 此为 IS 曲线方程；

$m=L=0.2y-4r$ 得到：$0.2y-4r=200$

即 $y=1\ 000+20r$ ……………………………… 此为 LM 曲线方程。

（2）解方程组 $\begin{cases} y=1\ 250 \\ y=1\ 000+20r \end{cases}$

得到：$r=12.5$，$y=1\ 250$，即均衡的国民收入和利率分别为 1 250 和 12.5%。

（3）当 $m=220$ 时，由 $m=L$ 得到：$0.2y-4r=220$，即 $y=1\ 100+20r$，解方程组

$$\begin{cases} y=1\ 250 \\ y=1\ 100+20r \end{cases}$$

得到：$r=7.5$，$y=1\ 250$，所以其均衡收入不变，利率减少 5%。

9. 解：（1）由货币总需求＝交易性需求＋投机性需求，可得货币需求函数 $L=0.25y+200-800r$。

（2）$r=0.1$，$y=1\ 000$ 时，$L=0.25\times1\ 000+200-800\times0.1=370$。

（3）令 $m=L$，即 $500=0.25y+200-800r=0.25\times1\ 200+200-800r$

得 $r=0$。此时，投机货币性需求为 200。

（4）令 $m=L$，即 $410=0.25\times1\ 000+200-800r$，得 $r=0.05$，即均衡利率为 5%。

10. 解：（1）均衡国民收入为 $y=c+i+g$ 中得出：$y=0.8(1-t)y+900-50r+800$，$t=0.25$ 则：

$y=4\ 250-125r$ ……………………………… 此即为 IS 曲线方程。

（2）从 $M/P=L$ 中得：$M/P=0.25y-6.25r=500$

$y=2\ 000+25r$ ……………………………… 此即为 LM 曲线方程。

（3）将两个方程联立求解：$\begin{cases}y=4\ 250-125r\\y=2\ 000+25r\end{cases}$

得 $r=15$，$y=2\ 375$，即均衡的利率为 15%，均衡收入为 2 375。

11. 解：（1）由 $m=L$，所以 $150=0.2y-4r$，LM 方程为：$r=0.05y-37.5$，

又由 IS 曲线方程：$y=1\ 250-30r$，

联合 LM 方程和 IS 曲线方程得：$r=10$，$y=950$；

但货币需求为 $L=8.75y-4r$ 时，联合 LM 方程和 IS 曲线方程得 $r=40.48$，$y=36.65$。

（2）当货币供给从 150 增加到 170 时，在货币需求为 $L=0.2y-4r$ 情况下，由方程组：

$$\begin{cases}170=0.2y-4r\\y=1\ 250-30r\end{cases}$$

得 $r=8$，$y=1\ 010$

在货币需求为 $L=8.75y-4r$ 情况下，由方程组

$$\begin{cases}170=8.75y-4r\\ y=1\,250-30r\end{cases}$$

得 $r=40.4$，$y=38$

可见随着货币供给增加，均衡利率下降，均衡收入增加。这说明货币公开增加会导致 LM 曲线向右移动，可以通过调节货币供给量来调控经济。

12. 解：(1) 根据投资函数 $i=250-5r$，当 $r=10$ 时，$i=250-5\times10=200$；当 $r=8$ 时，$i=250-5\times8=210$；$r=6$ 时，$i=250-5\times6=220$ 。

(2) 若投资函数变为 $i=250-10r$，则当 $r=10$ 时，投资 $i=250-10\times10=150$；

当 $r=8$ 时，$i=250-10\times8=170$；当 $r=6$ 时，$i=250-10\times6=190$。

(3) e 的增加将使投资在每一利率水平都增加即导致投资曲线的右移。

(4) 当投资函数变为 $i=200-5$ 时，投资曲线的斜率与 (1) 同但大于 (2)，在纵横轴上的截距比 (1) 小，但比 (2) 大。

13. 解：(1) 根据 $m=L$，LM 曲线为：$0.2y-5r=150$ 即 $r=-30+(1/25)y$。

(2) 若名义货币供给量为 200，可得 LM 曲线为：$0.2y-5r=200$，即：$r=-40+(1/25)y$。

(3) $r=10$，$y=1\,100$ 时，货币需求量为 $L=0.2\times1\,100-5\times10=170$，若货币供给为 200，此时货币需求小于货币供给，货币市场处于非均衡状态，存在利率下降的压力。

14. 解：(1) 由 $y=c+i$ 可知 IS 曲线为：$y=100+0.8y+150-6r$，即 $y=1\,250-30r$；

由 $m=L$ 可得 LM 曲线为：$0.2y-4r=150$，即：$y=750+20r$。

(2) 通过求解 IS 和 LM 方程，即 $y=1\,250-30r$ 和 $y=750+20r$，可得产品市场与货币市场同时均衡时的收入 $y=950$，利率 $r=10$。

(3) 当两部门经济变为三部门经济时，由产品市场均衡公式 $y=c+i+g$，可得 IS 曲线的方程为：$y=100+0.8(y-0.25y)+150-6r+100=875-15r$。

由货币市场均衡公式 $m=L$ 可得 LM 曲线的方程为：$150=0.20y-2r$，即 $y=750-10r$。

通过求解 IS 和 LM 方程，即 $y=875-15r$ 和 $y=750+10r$，可得商品市场与货币市场同时均衡时的收入 $y=800$，利率 $r=5$。

（六）作图题

1. 答：（1）国外经济扩张而导致我国的出口增加和实际 GDP 增长，进而导致我国国民收入的增加，货币的交易需求也会增加，从而货币总需求也会相应增加。如图 2 所示，货币的需求增加使得货币需求曲线从 L_1 右移到 L_2，而货币的供给曲线保持不变，货币市场的均衡点由 E_1 变为 E_2，均衡利率从 i_1 上升为 i_2。

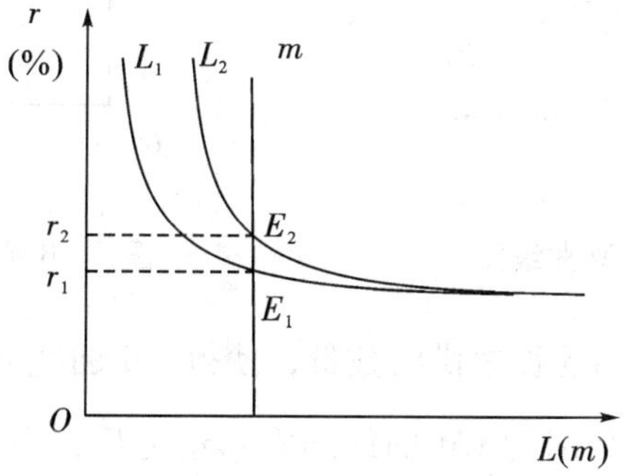

图 2　出口增加对利率的影响图

（2）ATM 自动柜员机和 POS 机的普及会导致谨慎动机的减少，从而使得货币总需求减少，而货币供给则保持不变。如图 3 所示，货币需求减少，使得货币需求曲线从 L_1 左移至 L_2，货币供给曲线保持不变。货币市场均衡点由 E_1 变为 E_2，均衡利率从 i_1 降为 i_2。

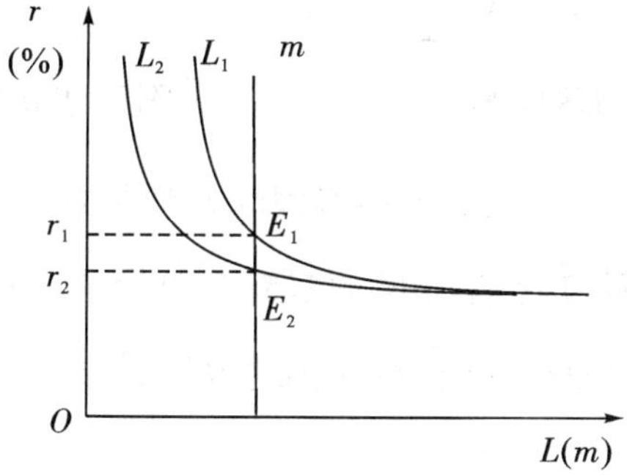

图 3　ATM 机和 POS 机的普及对利率的影响

2. 答：（1）根据 IS 方程为 $r=\frac{a+e}{d}-\frac{1-b}{d}Y$，可知边际消费倾向 b 较高的国家 IS 曲线的斜率较小，即 IS 曲线较为平坦，反之，则 IS 曲线的斜率较大，即 IS 曲线较陡峭。因为 A、B 两国中，A 国的边际消费倾向较高，所以 A 国的 IS 曲线较为平坦。

而 LM 曲线不受到边际消费倾向的影响，两国的货币需求函数和货币供应相等，则两国的 LM 曲线一样。如图 4 和图 5 所示。

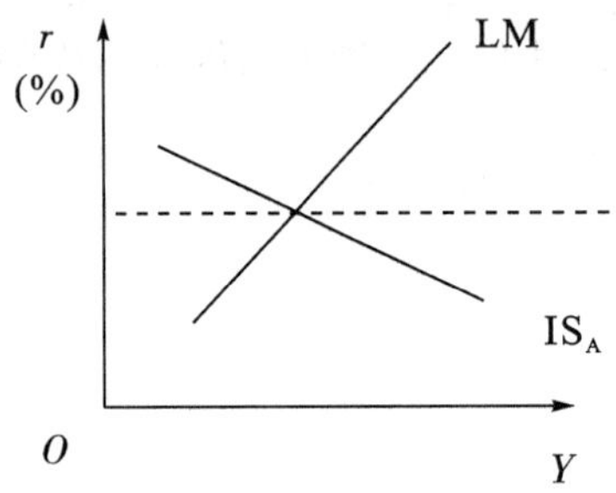

图 4　A 国的 IS-LM 曲线图

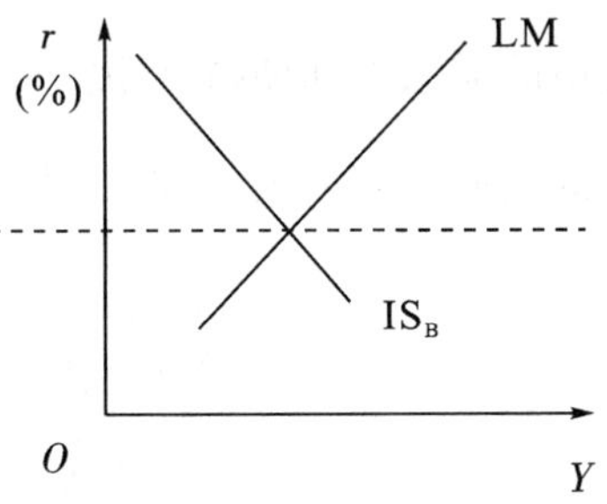

图 5　B 国的 IS-LM 曲线图

（2）假定两国增加相同的货币供给数量，使得 LM 曲线向右边移动相同的距离，A 国的 IS 曲线更为平坦，在两国的 LM 曲线向右移动之后，可以发现，此项增加货币供给数量的措施对 A 国的实际产出（收入）的影响更大更有效。如图 6 和图 7 所示。

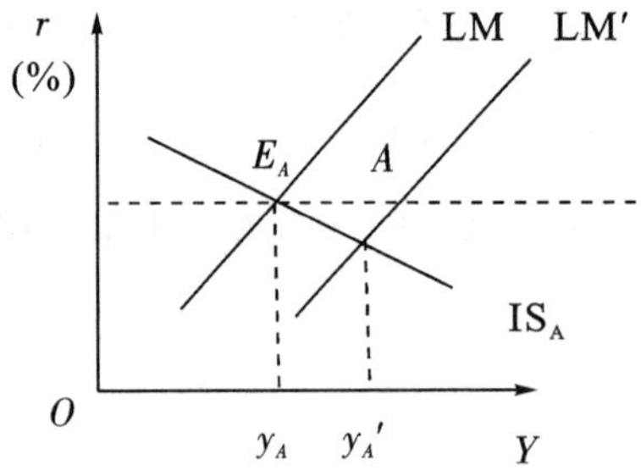

图 6　A 国的货币政策效果图

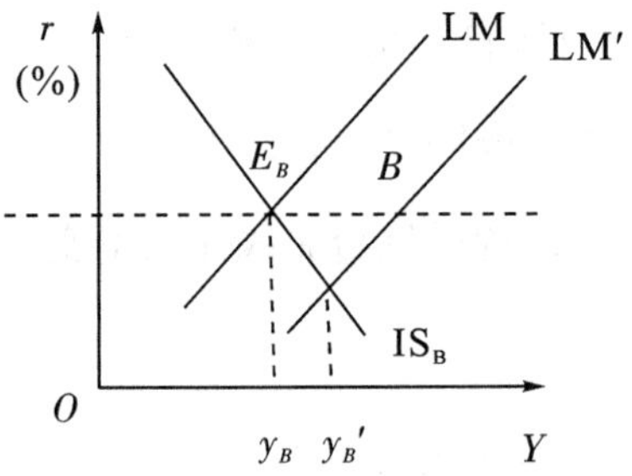

图 7　B 国的货币政策效果图

由于增加相同的货币供给数量，使得两国的 LM 曲线向右移动相等的距离，如图 6 和图 7 所示，$E_AA=E_BB$。移动之后 A 国的实际产出增加 y_Ay_A'，B 国的实际产出增加 y_By_B'，而 $y_Ay_A'>y_By_B'$，所以此项措施在 A 国的效果更强。

第四章 国民收入的决定：总需求—总供给模型

（一）单项选择题

1	2	3	4	5	6	7	8	9	10
C	A	D	D	D	C	B	B	C	A
11	12	13	14	15	16	17	18	19	20
D	D	B	D	A	D	A	C	D	B
21	22	23	24						
C	D	B	A						

（二）辨析题

1	2	3	4	5	6	7	8	9	10
×	√	√	√	√	×	√	×	×	√

（三）问答题

1. 答：总需求曲线向右下方倾斜，总需求与价格水平反向变化。因为：（1）价格水平的变化将引起利率的同方向变动，进而引起投资和产出水平的反向变动。如当价格上涨时，货币需求的增加将导致利率的上升，投资水平下降，从而总需求水平也将下降。（2）价格水平的变化还会影响人们的实际财富，当价格水平上升时，以货币表示的资产（如现金、存款等）的实际价值将降低，人们由于变得相对贫穷而减少消费支出，也会引起总需求的下降。（3）价格水平的变化会影响人们的税收负担，当价格水平上升时，人们的名义收入将增加，从而使人们进入更高的纳税等级，消费者的税负增加，可支配收入下降，消费水平下降从而总需求水平也将下降。（4）价格水平的变化还将通过影响净出口来影响总需求。如当价格水平上升时，固定汇率下降会使出口减少，进口增加，这也会使总需求水平下降。

2. 答：如图 8 所示，AD 曲线的位置不变，短期总供给曲线 ASs^0 由于供给冲击（如石油价格和工资等的提高）向左移动至 ASs^1 的位置，容易看出，与原来的均衡点 E_0 相比，新均衡点 E_1 的价格水平提高了，产量下降了。也就是说，经济中出现了“滞胀”。

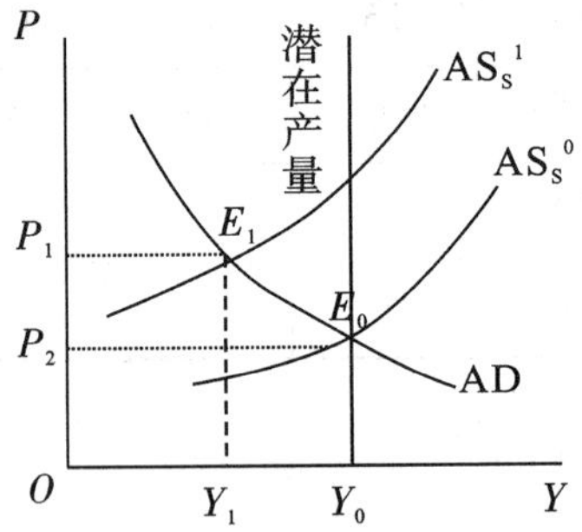

图 8　总供给曲线移动的后果

3. （1）总供给曲线的理论主要由总量生产函数和劳动力市场理论来反映。在劳动力市场理论中，经济学家对工资的价格变化和调整速度的看法是有分歧的。

（2）古典总供给理论认为，劳动力市场运行没有摩擦，在工资和价格可以灵活变动的情况下，劳动力市场得以出清，使经济的就业总能维持在充分就业状态，从而在其他因素不变的情况下，经济的总量总能保持在充分就业的产量或潜在产量水平上。因此，在以价格为纵坐标，总产量为横坐标的坐标体系中，古典总供给曲线是一条位于充分就业产量水平的垂直线。

（3）凯恩斯的总供给理论认为，在很短的时期，一些价格难以根据需求的变动而调整。由于工资刚性、价格黏性，凯恩斯总供给曲线在以价格为纵坐标，总产量为横坐标的坐标体系中是一条水平线，表明经济中的厂商在现有的价格水平上，愿意供给所需的任何数量的商品。作为凯恩斯总供给曲线基础的思路是，由于工资刚性、价格黏性的结果，劳动力市场不能总维持在充分就业状态，由于存在失业，厂商可以在现行工资下获得所需的劳动，因而他们的平均生产成本就认为是不随产出水平变化而变化的。

（4）而一些经济学家认为，古典的和凯恩斯的总供给曲线分别代表着关于劳动力市场的两种极端的说法。在现实中，工资和价格的调整经常介于两者之间。在这种情况下以价格为纵坐标，总产量为横坐标的坐标体系中，总供给曲线是向右上方延伸的，即为常规的总供给曲线。

（四）计算题：

1. 解：IS、LM 的联立方程组：

$$\begin{cases} \text{IS}: r=0.415-0.000\,018\,5y+0.000\,05G \\ \text{LM}: r=0.000\,016\,25y-0.000\,1\times\dfrac{M}{P} \end{cases}$$

消去 r，易得总需求曲线方程为（保留两位小数），

$$y=11\,942.45+1.44G+\frac{2.88M}{P}$$

容易看出，名义货币量增加，总需求曲线将向右移动，反之则向左移动。政府支出增加，将使总需求曲线向右上方移动，反之则向左下方移动。

2. 解：（1）解方程组

$$\begin{cases} y_S=500 \\ y_D=600-50P \end{cases}$$

易得 $P=2$，$y=500$，如图 9 所示。

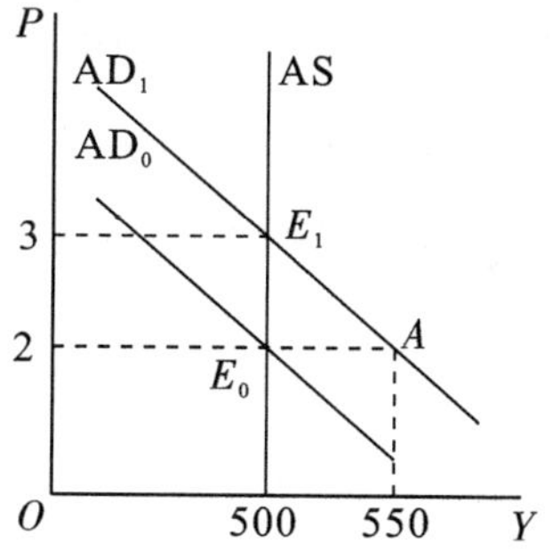

图 9　总需求曲线移动效果图

（2）总需求水平上升了10%，即新的总需求水平为550单位。易知点A（2，550）是新的总需求曲线AD_1上的一点。设AD_1的方程为$y=a-50P$，将A点坐标代入，易得AD_1的方程为$Y_D=650-50P$

结合总供给曲线$Ys=500$易得$P=3$，$Y=500$。

3. 解：解方程组

$$\begin{cases} y = 2\ 350 + 400P \\ y = 2\ 000 + 750/P \end{cases}$$

易得均衡时的价格和收入分别为$P=1$和$y=2\ 750$。

4. 解：（1）将消费和投资函数代入$y=c+i$并整理，易得IS曲线的方程

$y=9\ 900-9\ 000r$

将货币供给和货币需求函数代入货币市场的均衡条件$M/P=L$，易得LM曲线的方程

$y=1\ 000+1\ 000r$

解IS和LM的联立方程组，可得均衡利率和均衡收入分别为

$r=0.89$　$y=1\ 890$。

（2）LM方程亦可表示为如下形式

$y = M/0.9 + 1\ 000r$

解其与IS方程的联立方程组，可得

$r = 0.99 - M/9\ 000$，$y = 990 + M$

容易看出，如果M增加，$M>900$，则r减少，$r<0.89$；y增加，$y>1\ 890$。

（3）由$M/P=L$，可得LM方程$y=1\ 000/P+1\ 000r$

解其与IS方程的联立方程组，并消去利率r，可得总需求方程

$y=990+900/P$。

（五）作图题

答：

（1）总需求是指经济社会对产品和劳务的总需求量，总需求函数同时涉及产品市场和货币市场，反映的是产品市场和货币市场同时处于均衡时，价格和产出水平的关系。也就是说，总需求函数可以从产品市场和货币市场的同时均衡中得到，总需求曲线理论来源于产品市场均衡理论和货币市场均衡理论。

（2）如图 10 所示，（a）为 IS-LM 图，（b）表示价格和需求量之间的关系，即总需求曲线。当价格为 P_1时，此时的 LM 曲线 LM（P_1）与 IS 曲线相交于 E_1点，E_1点所代表的国民收入和利率分别为 y_1和 r_1。将 p_1和 y_1标在下图中便得到了总需求曲线上的一点 D_1。

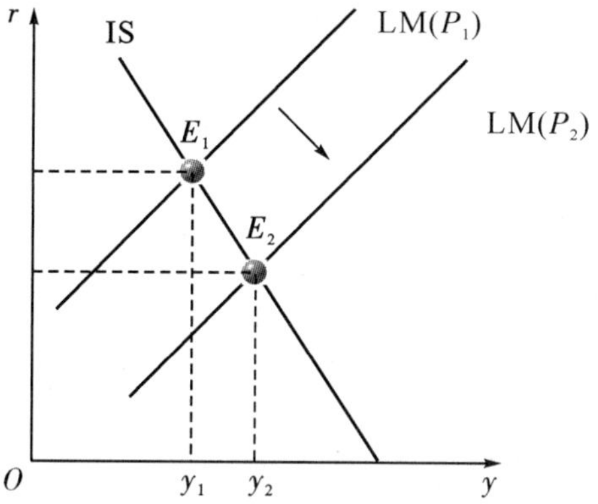

（a）

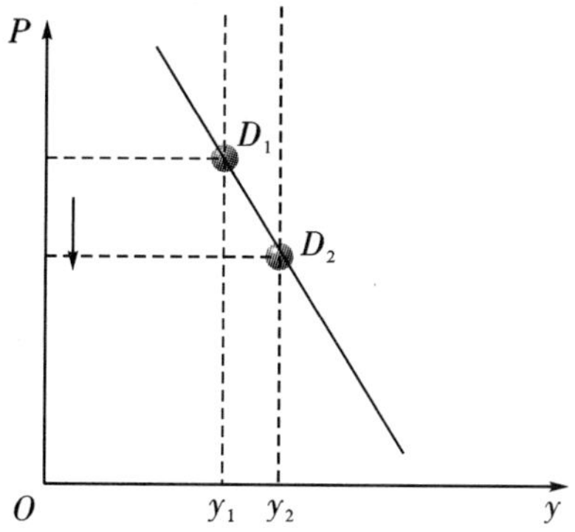

（b）

图 10　总需求曲线的推导

（3）现假设 P 由 P_1 下降到 P_2。由于 P 的下降，LM 曲线右移到 LM（P_2）的位置，它与 IS 曲线的交点为 E_2点。E_2点所代表的国民收入和利率分别为 y_2和 r_2。将 p_2和 y_2标在下图中便得到了总需求曲线上的一点 D_2。按照同样的程序，随着 P 的变化，LM 曲线和 IS 曲线可以有许多交点，每一个交点代表着一个特定的 y 和 P。于是就有许多 y 与 P 的组合，从而构成下图中一系列点，把这些点连在一起所得到的曲线 AD 便是总需求曲线。

（4）总需求曲线表示社会的需求总量和价格水平之间呈相反的关系，所以总需求曲线向右下方倾斜，表示价格越高需求总量越小，价格越低需求总量越大。

第五章　失业与通货膨胀

（一）单项选择题

1	2	3	4	5	6	7	8	9	10
C	B	B	C	B	A	C	B	A	A
11	12	13	14	15	16	17	18	19	20
C	B	C	D	C	B	A	C	A	D
21	22								
D	C								

（二）辨析题

1	2	3	4	5	6	7	8	9	10
×	√	×	×	×	×	√	√	√	√

（三）问答题

1. 答：按照西方经济学的失业原理一般将失业的原因归为如下几类。

（1）摩擦性失业，由于求职的劳动者与需要提供的岗位之间存在着时间上的差异而导致的失业，如新生劳动力找不到工作，工人想转换工作岗位时出现的工作中断等。

（2）结构性失业，由于经济、产业结构变化以及生产形式、规模的变化，促使劳动力结构进行相应调整而导致的失业。

（3）周期性失业，市场经济国家由于经济的周期性萎缩而导致的失业。

2. 答：（1）一般来说，结构性失业比摩擦性失业问题更严重。（2）摩擦性失业是由于劳动力市场运行机制不完善或者因为经济变动过程中的工作转换而产生的失业。(3) 结构性失业是由于经济结构变化，产业兴衰转移而造成的失业，是劳动力市场失衡造成的失业，一些部门需要劳动力，存在职位空缺，但失业者缺乏到这些部门和岗位就业的能力，而这种能力的培训需要一段较长的时间才能完成，所以结构性失业的问题更严重。

3. 答：说明失业率和货币工资率之间交替变动关系的一条曲线。它是由英国经济学家菲利普斯根据 1861—1957 年英国的失业率和货币工资变动率的经验统计资料提出来的，故称之为菲利普斯曲线。因为西方经济学家认为，货币工资率的提高是引起通货膨胀的原因，即货币工资率的增加超过劳动生产率的增加会引起物价上涨，从而导致通货膨胀，所以，菲利普斯曲线又成为当代经济学家用以表示失业率和通货膨胀率之间此消彼长、相互交替关系的曲线。即认为：失业率高，通胀率就低；失业率低，通胀率就高。并认为两者间这种关系可为政府进行总需求管理提供一份可供选择的菜单，即通胀率或失业率太高时，可用提高失业率的紧缩政策或提高通胀率的扩张政策来降低通胀率或降低失业率，以免经济过分波动。菲利普斯曲线可用图 11 说明。

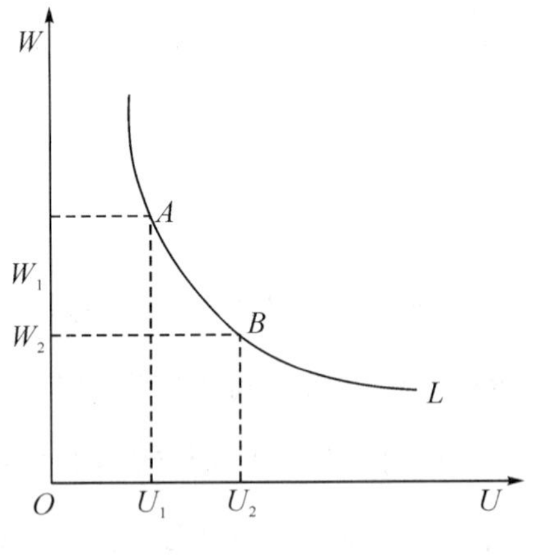

图 11　菲利普斯曲线

令图 11 中 W 为货币工资变动率，U 为社会的失业率，L 即为菲利普斯曲线。当失业率由 U_2 降到 U_1 时，货币工资增长率就由 W_2 上升到 W_1。这表明失业率与货币工资变动率有着一种交替关系，也就是说，要实现充分就业就必然会出现较高的物价上涨率。

由于货币工资变动率与物价上涨率有关，而通货膨胀又用物价上涨率来表示，因而，进一步对此图引申，便可表示通货膨胀率与失业率之间的关系。

4. 答：理论上，把在没有超额需求的情况下由供给方面成本的提高而引起的物价普遍上涨，归属于成本推进的通货膨胀；而把由于总需求超过总供给而引起的通货膨胀归属于需求拉上的通货膨胀。这样，问题中的前一问就应是成本推进的通货膨胀，后一问则属于需求拉上的通货膨胀。

5. 答：主要有三类原因导致通货膨胀的发生。

（1）需求拉动的通货膨胀。又称超额需求通货膨胀，是指总需求超过总供给所引起的一般价格水平的持续显著的上涨。在现有的价格水平下，如果经济的总需求超过总供给水平，就会导致一般物价水平的上升，引起通货膨胀。引起总需求扩大的因素有两类：一类因素称为实际因素，诸如消费、投资的扩大，政府购买的增加等都会使总需求曲线向右移动，使总需求超过总供给。另一类是所谓的货币因素，即货币供给量的增加或实际货币需求的减少，这会使得 LM 曲线向右移动，也会导致总需求在现有价格水平下扩大。

（2）成本推动的通货膨胀。又称供给通货膨胀，是指在没有超额需求的情况下，由于供给方面成本的提高所引起的一般价格水平持续和显著的上涨。这是指由于生产成本的提高而引起的一般价格水平的上升。生产成本的提高一方面可体现在工资水平上升，原材料和能源等涨价；另一方面也体现在厂商为追逐垄断利润而限制产量，从而引起价格水平的普遍上涨。在现有的价格水平下，工人如果要求提高实际工资，厂商能够雇用的工人就会减少，其产量就随之减少，导致供给曲线向左移动，总需求水平超过总供给，价格水平上升。与需求拉动的通货膨胀不同的是，在短期，成本推动的通货膨胀将减少经济的产出水平。

（3）结构性通货膨胀。西方经济学家认为，在没有需求拉动和成本推动的情况下，只是由于经济结构因素的变动，也会出现一般价格水平的持续上涨。他们把这种价格水平的上涨叫作结构性通货膨胀。

西方学者通常用生产率提高快慢不同的两个部门说明结构性通货膨胀。由于生产率提高的快慢不同，两个部门的工资增长的快慢也应当有区别。但是，生产率提高慢的部门要求工资增长向生产率提高快的部门看齐，结果是全社会工资增长速度超过生产率增长速度，因而引起通货膨胀。

6. 答：(1) 政府可以采用扩张性货币政策和扩张性的财政政策，刺激总需求，降低失业率。

(2) 物价水平和失业率都会上升，一方面会发生成本推进的通货膨胀，另一方面产出减少，失业率上升。图中从 B 点到 C 点。

(3) 增加政府开支会增加总需求，失业率降低，通货膨胀率增加，图中从 B 点到 D 点。

(四) 计算题

1. 解：(1) 劳动力=就业人数+失业人数 =1 100。

(2) 失业率=失业人数/劳动力人数×100%=100/1 100×100%=9.09%

(3) 自然失业率是 60/1 100=5.45%

(4) 充分就业时，应该有 1 040 万人，周期失业率是 40/1 100=3.64%

2. 解：1985 年和 1986 年的通货膨胀率为：

$$\pi_{1985}=\frac{p_{1985}-p_{1984}}{p_{1984}}\times100\%=\frac{111.5-107.9}{107.9}\times100\%=3.34\%$$

$$\pi_{1986}=\frac{p_{1987}-p_{1986}}{p_{1986}}\times100\%=\frac{114.5-111.5}{111.5}\times100\%=3.34\%$$

3. 解：CPI= (1.50×2+4.00×1+4.00×3) / (1.00×2+3.00×1+2.00×3) ×100 =173

通胀率：(173−100) /100 = 73%

第六章　宏观经济政策

（一）单项选择题

1	2	3	4	5	6	7	8	9	10
A	A	D	A	C	C	A	B	C	A
11	12	13	14	15	16	17	18	19	20
B	D	B	D	B	B	B	D	B	A
21	22	23	24	25	26	27	28	29	30
C	C	A	B	B	B	B	D	D	A
31	32	33	34	35	36	37	38	39	40
D	C	B	B	C	C	A	D	C	D
41									
A									

（二）多项选择题

1	2	3	4	5	6				
ABCD	AB	ABCD	ABC	BCD	AB				

（三）辨析题

1	2	3	4	5	6	7	8	9	10
√	×	√	×	×	×	√	×	×	√
11	12	13	14	15					
√	×	×	×	×					

（四）问答题

1. 答：宏观经济政策目标主要有四个：充分就业、物价稳定、经济增长和国际收支平衡。

（1）充分就业。充分就业的本义是指所有资源得到充分利用，目前主要用人力资源作为充分就业的标准；充分就业本不是指百分之百的就业，一般地说充分就业允许的失业范畴为4%。

（2）物价稳定，即把通货膨胀率维持在低而稳定的水平上。物价稳定是指一般物价水平即总物价水平的稳定；物价稳定并不是指通货膨胀率为零的状态，而是维持一种能为社会所接受的低而稳定的通货膨胀率的经济状态，一般指通货膨胀率为10%以下。

（3）经济增长，保持合意的经济增长率。经济增长是指单纯的生产增长，经济增长率并不是越高越好，经济增长的同时必须带来经济发展；经济增长率一般是用实际国民生产总值的年平均增长率来衡量的。

（4）国际收支平衡，是指国际收支既无赤字又无盈余的状态。国际收支平衡是一个对外经济目标，必须注意和国内目标的配合使用；正确处理国内目标与国际目标的矛盾。

2. 答：（1）税收。主要做法是在经济萧条时，政府降低税率，使个人和企业的可支配收入增加，消费与投资增加，总需求与国民收入扩张，消除衰退；在通货膨胀严重时政府提高税率，使个人和企业的可支配收入减少，消费与投资减少，总需求与国民收入收缩，消除通货膨胀。

（2）政府购买。具体做法是在经济萧条时，政府增加政府购买，消费与投资增加，总需求与国民收入扩张，消除衰退；在通货膨胀严重时政府减少政府购买，消费与投资减少，总需求与国民收入收缩，消除通货膨胀。

（3）转移支付。具体做法是在经济萧条时，政府增加转移支付，使个人和企业的可支配收入增加，消费与投资增加，总需求与国民收入扩张，消除衰退；在通货膨胀严重时政府减少转移支付，使个人和企业的可支配收入减少，消费与投资减少，总需求与国民收入收缩，消除通货膨胀。

3. 答：平衡预算的财政思想指财政收入与支出相平衡，财政预算盈余等于零的财政思想。平衡预算思想按其历史发展阶段有三种含义。一是年度平衡预算，这是一种量入为出的每年预算均需平衡的思想。二是周期平衡预算，指政府财政在一个经济周期中保持平衡，在经济繁荣时期采用财政盈余措施，在萧条时期采取预算赤字政策，以前者的盈余弥补后者的赤字，以求整个经济周期盈亏相抵，预算盈余为零的平衡预算。三是充分就业平衡预算，这种思想认为，政府应当使支出保持在充分就业条件下所能达到的净税收水平。这三种平衡预算思想的发展表明，平衡预算已由以往的每年度收支相抵的思想逐步发展至以一定的经济目标为前提的平衡预算思想，在一定周期内，或某年度可有一定的财政盈余或赤字，但是这类平衡预算思想的本质仍旧是机械地追求收支平衡，是一种消极的财政预算思想。

功能财政政策是一种积极的权衡性财政政策或补偿性财政政策。这种政策思想强调，财政预算的功能是为了实现经济稳定发展，预算既可以盈余，也可以赤字，因而称之为功能性财政。平衡预算财政与功能财政的思想的区别在于前者强调财政收支平衡，以此作为预算目标，或者说政策的目的，而后者则强调财政预算的平衡、盈余或赤字都只是手段，目的是追求无通货膨胀的充分就业和经济的稳定增长。

4. 答：金融体系主要由中央银行、商业银行和社会公众三部分构成；中央银行发行基础货币，商业银行吸收存款发放贷款，社会公众在不同商业银行之间转移存款和贷款，使金融体系有了创造存款的功能。

5. 答：主要有调整法定存款准备金、调节再贴现率、公开市场业务和窗口指导。

6. 答：商业银行吸收到原始存款后，按法定存款准备率留一部分作为法定准备金外，其余可用于放款和购买证券。在广泛使用非现金结算的条件下，客户在取得贷款或证券价款后，通常并不（或不全部）支取现金，而是转入客户的银行账户，以转移存款形式进行支付。这样，就在原有存款之外，形成了一笔新存款。接受这笔新存款的商业银行，除保留一部分作法定准备金外，又可用于放款或投资，从而派生出又一笔存款，这个过程继续下去，商业银行便通过自己的资产业务，对原始存款不断运用，可创造出数倍于原始存款的派生存款。

7. 答：又称公开市场业务，是指中央银行在金融市场上公开买卖政府证券以控制货币供给和利率的政策行为。

优点有以下三点。

（1）公开市场业务是中央银行能够随时根据金融市场的变化，进行经常性、连续性及试探性的操作，还可以进行逆向操作，灵活调节货币供给量。

（2）通过公开市场业务，中央银行可以主动出击，不像再贴现率政策那样，处于被动地位。

（3）公开市场业务对货币供给量进行的是微调，不会像准备金率的变动一样产生震动效果。

8. 答：货币政策传导机制指中央银行运用货币政策工具影响中介指标，进而最终实现既定政策目标的传导途径与作用机理。

货币政策传导途径一般有三个基本环节。

（1）从中央银行到商业银行等金融机构和金融市场。中央银行的货币政策工具操作，首先影响的是商业银行等金融机构的准备金、融资成本、信用能力和行为，以及金融市场上货币供给与需求的状况。

（2）从商业银行等金融机构和金融市场到企业、居民等非金融部门的各类经济行为主体。商业银行等金融机构根据中央银行的政策操作调整自己的行为，从而对各类经济行为主体的消费、储蓄、投资等经济活动产生影响。

（3）从非金融部门经济行为主体到社会各经济变量，包括总支出量、总产出量、物价、就业等。

在西方，关于货币政策传导机制的分析，一般分为凯恩斯学派的传导机制理论和货币学派的传导机制理论。前者的理论思想可归结为：通过货币供给 m 的增减影响利率 r，利率的变化则通过资本边际效率的影响使投资 i 以乘数形式增减，而投资的增减就会进而影响总支出 AE 和总收入 y，用符号表示为：$m\rightarrow r\rightarrow i\rightarrow AE\rightarrow y$。在这个过程中，利率是最主要的环节，货币供应量的调整必须首先影响利率的升降，然后才能使投资乃至总支出发生变化。与凯恩斯不同，货币学派认为利率在货币传导机制中不起重要作用，而更强调货币供应量在整个传导机制上的直接效果。货币学派认为，货币政策的传导机制主要不是通过利率间接影响支出和收入，而是通过货币实际余额的变动直接影响支出和收入，可用符号表示为：$m\rightarrow AE\rightarrow i\rightarrow y$。

9. 答：由于财政政策和货币政策会对国民收入和利率产生不同影响，从而对总需求结构产生不同影响，因此，对总需求调节时，常常需要把两种政策搭配起来使用，这就称为财政政策和货币政策的混合使用。

由于政策搭配方式不同，产生的政策效果也不同，因而适用的经济环境也不同。例如，当经济萧条但又不太严重时，可用扩张财政和紧缩货币相混合的政策，一方面刺激需求，又可防止通胀。又如，当经济中发生严重通胀时，可用紧缩财政和货币的“双紧”政策以抑制通胀。再如，经济中出现通胀但不太严重时，可用紧缩财政和扩张货币相搭配的政策，既控制通胀又可遏止衰退。而经济严重萧条时则须使用扩张财政和扩张货币的“双扩”政策。

10. 答：指政府支出增加所引起的私人消费或投资下降的经济效应。在 IS-LM 模型中，若 LM 曲线不变，向右移动 IS 曲线，两种市场同时均衡时会引起利率的上升和国民收入的增加。但是，这一增加的国民收入小于不考虑货币市场的均衡（即 LM 曲线）或利率不变条件下的国民收入的增量，这两种情况下的国民收入增量之差，就是利率上升而引起的“挤出效应”。

“挤出效应”的大小取决于支出乘数的大小、货币需求对收入变动的敏感程度、货币需求对利率变动的敏感程度、投资需求对利率变动的敏感程度等。其中，货币的利率敏感程度和投资的利率敏感程度是“挤出效应”大小的决定性因素。“挤出效应”与货币的利率敏感程度负相关；与投资的利率敏感性正相关。

挤出效应的作用机制是：①政府支出增加，商品市场上竞争加剧，价格上涨，实际货币供应量减少。因而用于投机目的的货币量减少。②用于投机目的的货币量减少引起债券价格下降，利率上升，结果投资减少。由于存在着货币幻觉，在短期内，将会有产量的增加。但在长期内，如果经济已经处于充分就业状态，那么增加政府支出只能挤占私人支出。货币主义者认为，当政府增加政府支出而没有增加货币供给时，那么实际上是用政府支出代替私人支出，总需求不变、生产也不会增长。所以，货币主义者认为财政政策不能刺激经济增长。

11. 答：一般说来，从 IS-LM 模型看，财政政策和货币政策效果的决定因素主要有投资对利率变动的敏感程度以及货币需求对利率变动的敏感程度。从财政政策效果看，投资对利率变动越敏感，挤出效应就越大，财政政策效果就越小；货币需求对利率变动越敏感，扩张财政使利率变动就越小，挤出效应就越小，财政政策效果就越大。总之，财政政策效果与货币需求的利率敏感程度正相关，与投资的利率敏感程度负相关。从货币政策效果看，如果货币需求对利率变动很敏感，则货币政策效果就小；如果投资需求对利率变动很敏感，则货币政策效果就大。

除了上述因素，经济运行局势（是处于衰退时期还是通胀时期）以及政策时滞等因素也会影响政策效果。

12. 答：在经济萧条时，厂商对经济前景普遍悲观，即使中央银行松动银根，降低利率，投资者也不肯增加贷款从事投资活动，银行为安全起见，也不肯轻易贷款，因此，把扩张货币作为反衰退政策，效果甚微，只能靠扩张财政的政策才可能拉动经济走出低谷或衰退，因此，这时凯恩斯主义容易走远。

相反，经济较热，通胀率较高时，人们对经济前景普遍看好，即使增税或削减政府支出，私人消费和投资需求仍旺盛，因而紧缩财政的效果较差，只有靠紧缩货币的政策才会对抑制总需求从而降低通胀率有明显效果，因此，通货膨胀居高不下时货币主义容易成为“时髦”。

（五）计算题

1. 解：货币创造乘数 $k=\frac{r_c+1}{r_c+r}=\frac{0.38+1}{0.38+0.18}=2.4643$

货币供给变动额 $\Delta M=\Delta H\times k=100\times 2.4643=246.43$（亿美元）。

2. 解：（1）由 IS 曲线 $y=950-50r$ 和 LM 曲线 $y=500+25r$ 联立求解得，$950-50r=500+25r$，解得均衡利率为 $r=6$

将 $r=6$ 代入 $y=950-50r$，得均衡收入 $y=650$

将 $r=6$ 代入 $i=140-10r$，得投资为 $i=80$

同理我们可用同样方法求（b），由 IS 曲线和 LM 曲线联立求解得，$800-25r=500+25r$，故均衡利率为 $r=6$

将 $r=6$ 代入 $y=800-25r$，得均衡收入 $y=650$

将 $r=6$ 代入 $i=500+25r$，得投资为 $i=80$。

（2）若政府支出从 50 增加到 80 时，对于（a）和（b）而言，其 IS 曲线都会发生变化。首先看（a）这种情况：由 $y=c+i+g$，得 $y=40+0.8(y-50)+140-10r+80$，化简整理得 IS 曲线为 $y=1\,100-50r$，与 LM 曲线 $1\,100-50r=500+25r$ 联立求解，故均衡利率为 $r=8$，将 $r=8$ 代入 $y=1\,100-50r$，得均衡收入 $y=700$。

同理对（b）情况，亦有 $y=40+0.8(y-50)+110-5r+80$，化简整理得 IS 曲线为 $y=950-25r$，与 LM 曲线联立求解得，$950-25r=500+25r$，故均衡利率为 $r=9$，将 $r=9$ 代入 $y=950-25r$，得均衡收入 $y=725$。

（3）情况（a）与（b）收入增加之所以不同，这是因为在 LM 斜率一定的情况下，财政政策效果受 IS 曲线斜率的影响。在（a）这种情况下，IS 曲线斜率绝对值较小，即 IS 曲线比较平坦，其投资需求对利率变动比较敏感（10>5），因此当 IS 曲线由于政府支出增加而右移使利率上升时，引起的投资下降也较大，从而国民收入水平增加较少。在（b）这种情况下，则正好与（a）情况相反，IS 曲线比较陡峭，投资对利率不十分敏感，因此当 IS 曲线由于政府支出增加而右移使利率上升时，引起的投资下降较少，从而国民收入水平提高较多。

3. 解：（1）将 $c=90+0.8y_d$，$i=140-5r$，$g=50$，$t=50$，及 $y_d=y-t$ 代入 $y=c+i+g$，得

$y=90+0.8(y-50)+140-5r+50$

化简整理得 IS 曲线为 $y=1\ 200-25r$

将 $L=0.2y$，$M=200$ 代入 $L=M$，即 $0.2y=200$

得 LM 曲线为 $y=1\ 000$，这说明 LM 曲线处于充分就业的古典区域，故均衡收入为 $y=1\ 000$

将 $y=1\ 000$ 代入 $y=1\ 200-25r$，解得均衡利率为 $r=8$

将 $r=8$ 代入投资函数 $i=140-5r$，得 $i=100$。

（2）其他情况不变，政府支出增加 20 会使 IS 曲线发生变化，再由 $y=c+i+g$ 得 $y=90+0.8(y-50)+140-5r+70$

化简整理得 IS 曲线为 $y=1\ 300-25r$

由于 LM 曲线仍为 $y=1\ 000$，故均衡收入仍为 $y=1\ 000$

将 $y=1\ 000$ 代入 $y=1\ 300-25r$，解得均衡利率为 $r=12$

将 $r=12$ 代入投资函数 $i=140-5r$，得 $i=80$。

（3）由投资变化可以看出，当政府支出增加时，投资减少相应份额，这说明存在“挤出效应”，由均衡收入不变也可以看出，LM 曲线处于古典区域，即 LM 曲线与横轴 y 垂直，这说明政府支出增加时，只会提高利率和完全挤占私人投资，而不会增加国民收入，可见这是一种与古典情况相吻合的完全挤占。

4. 解：（1）将 $c=60+0.8y_d$，$i=150$，$g=100$，$t=100$ 及 $y_d=y-t$ 代入 $y=c+i+g$，

得 $y=60+0.8(y-100)+150+100$

化简得 IS 曲线为 $y=1\ 150$，此即为均衡收入

将 $L=0.2y-10r$，$M=200$ 代入 $L=M$，即 $0.2y-10r=200$

化简整理得 LM 曲线为 $y=1\ 000+50r$

将 $y=1\ 150$ 代入 $y=1\ 000+50r$，得均衡利率为 $r=3$

由题设知投资为一常量，即 $i=150$。

（2）其他情况不变，政府支出由 100 增加到 120 会使 IS 曲线发生变化，再由 $y=c+i+g$，得 $y=60+0.8(y-100)+150+120$

化简整理得 IS 曲线为 $y=1\ 250$，此即为新的均衡收入

将 $y=1\ 250$ 代入 $y=1\ 000+50r$，得均衡利率为 $r=5$

投资不受利率影响，仍为常量 $i=150$。

（3）当政府支出增加时，由于投资无变化，可以看出不存在“挤出效应”。这是因为投资在这里是一个固定的常量，它不受利率变化的影响，也就是题目假设投资与利率变化无关，这样 IS 曲线就是一条垂直于横轴 y 的直线。此时扩张财政政策尽管会使利率水平上升，但不会对投资产生影响，进而也就不存在挤出了。

5. 解：（1）IS-LM 模型为：

$i=s$：$300-5r=-200+0.2y$

$L=m$：$0.2y-5r=300$

$$\begin{cases} r=100-0.04y & \text{IS 曲线} \\ r=-60+0.04y & \text{LM 曲线} \end{cases}$$

解得：$y=2\ 000$，$r=20$

（2）设政府所追加的投资为 g

IS-LM 模型为：

$i=s$：$300-5r+g=-200+0.2y$

$L=m$：$0.2y-5r=300$

$$\begin{cases} r=100+0.2g-0.04y & \text{IS 曲线} \\ r=-60+0.04y & \text{LM 曲线} \end{cases}$$

联立 IS、LM 方程，得 $y=2\ 000+2.5g$

当 $y=2\ 020$ 时，$g=8$

（3）设用扩张的货币政策，政府追加的货币供应为 M，

IS-LM 模型为：

$i=s$：$300-5r=-200+0.2y$

$L=m$：$0.2y-5r=300+M$

$$\begin{cases} r=-60-0.2M+0.04y & \text{LM 曲线} \\ r=100-0.04y & \text{IS 曲线} \end{cases}$$

联立 IS、LM 方程，得 $y=2\ 000+2.5M$

当 $y=2\ 020$ 时，$M=8$

（六）作图题

1. 答：(1) Z 国大幅度增加政府购买支出是实行扩张性财政政策，其政策动机是刺激总需求增加，进而提高国民收入，以实现充分就业。可用 IS-LM 模型分析。

(2) 如图 12 所示，Z 国大幅度增加政府购买支出，增加总需求，会使得 IS_1 曲线右移至 IS_2。在 LM 曲线不变的条件下，利率由 r_0 升至 r_1，国民收入由 y_0 增加到 y_1。这表明政府购买支出能够提高国民收入。

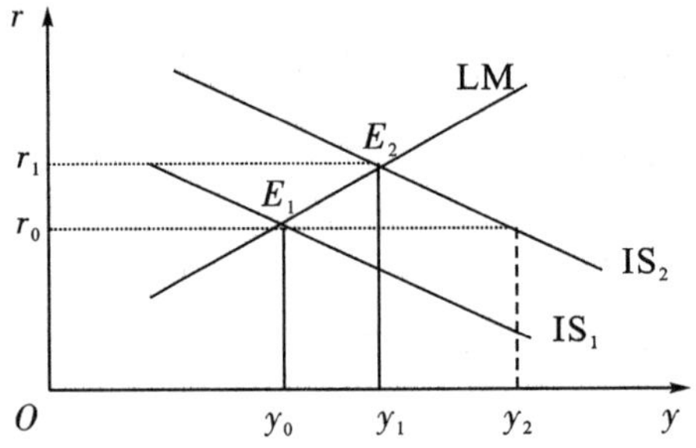

图 12　IS-LM 模型

(3) 此外，增加政府的购买支出还会产生挤出效应，就是政府开支会引起私人支出的减少。挤出效应存在的最重要原因是政府购买支出增加引起利率上升，进而引起私人投资与消费减少。可在图 12 中表明，政府购买支出，增加总需求，会使得 IS_1 曲线右移至 IS_2，由于利率由 r_0 升至 r_1，私人投资和消费的减少，最终使得国民收入只能增加到 y_1，而不能增加到 y_2，其中 y_1 y_2 即为挤出效应。

2. 答：(1) IS 曲线代表产品市场处于均衡状态的收入和利率的所有组合，是在产品市场达到均衡时，收入和利率的各种组合的点的轨迹。在两部门经济中，IS 曲线的数学表达式为：$I(r) = S(y)$

它的斜率为负，这表明 IS 曲线一般是一条向右下方倾斜的曲线。一般来说，在产品市场上，位于 IS 曲线右方的收入和利率的组合，都是投资小于储蓄的非均衡组合；位于 IS 曲线左方的收入和利率的组合，都是投资大于储蓄的非均衡组合，只有位于 IS 曲线上的收入和利率的组合，才是投资等于储蓄的均衡组合。

（2）LM 曲线代表货币市场处于均衡状态的收入和利率的所有组合，表示在货币市场中，货币供给等于货币需求时收入与利率的各种组合的点的轨迹。LM 曲线的数学表达式为：$\frac{M}{P} = ky - hr$。

它的斜率为正，这表明 LM 曲线一般是向右上方倾斜的曲线。一般来说，在货币市场上，位于 LM 曲线右方的收入和利率的组合，都是货币需求大于货币供给的非均衡组合；位于 LM 曲线左方的收入和利率的组合，都是货币需求小于货币供给的非均衡组合；只有位于 LM 曲线上的收入和利率的组合，才是货币需求等于货币供给的均衡组合。

（3）一般而言，如果仅仅采用扩张性财政政策，即 LM 曲线不变，而向右移动 IS 曲线，会导致利率上升和国民收入的增加；如果仅仅采用扩张性货币政策，即 IS 曲线不变，而向右移动 LM 曲线，可以降低利率和增加国民收入。考虑到 IS 曲线和 LM 曲线的上述移动特点，如果使 IS、LM 曲线同方向和同等幅度地向右移动可以使国民收入增加而利率不变。

如图 13 所示，通过 IS_1 曲线向右移动至 IS_2 使收入从 y_1 增加至 y_2，利率由 r_1 上升至 r_2，但与此同时向右移动 LM 曲线，从 LM_1 移至 LM_2，使利率从 r_2 下降至 r_1 以抵消 IS 曲线右移所引起的利率上升而产生的“挤出效应”，使国民收入更进一步向右移动至 y_3。这样，IS 曲线和 LM 曲线的移动才能使国民收入增加而利率不变。而要达到上述目的，就需要松的财政政策和松的货币政策的混合使用（相机抉择），一方面采用扩张性财政政策增加总需求；另一方面采用扩张性货币政策降低利率，减少“挤出效应”，使经济得以迅速复苏、高涨。

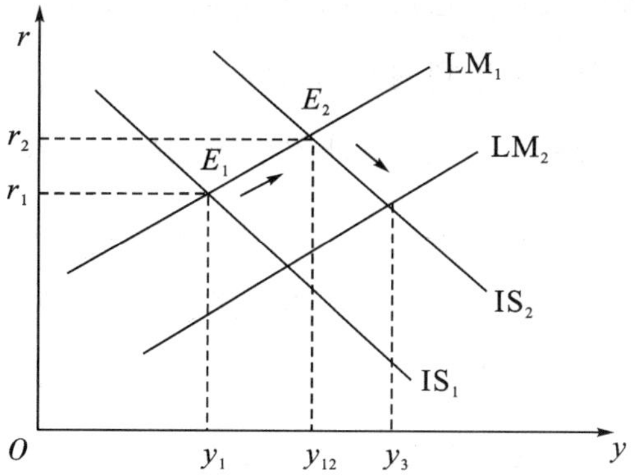

图 13　扩张性财政政策和扩张性货币政策的混合使用

第七章　经济增长

（一）单项选择题

1	2	3	4	5	6	7	8	9	10
B	B	A	C	C	D	B	A	D	C
11	12								
D	A								

（二）辨析题

1	2	3	4	5					
√	×	√	√	×					

（三）问答题

1. 答：哈罗德—多马模型主要研究的是：社会经济要实现充分就业的稳定增长所必须满足的条件，即为了使经济在充分就业下保持均衡的增长，投资及储蓄的增长与收入的增长之间应保持什么关系。它是以凯恩斯理论为基础，并在此基础上发展起来的。凯恩斯理论认为：社会经济达到均衡的条件是，在一定的国民收入水平上厂商准备进行的投资即意愿投资恰好等于该收入水平上人们提供的储蓄。均衡国民收入的大小，取决于有效需求。由于凯恩斯采取的是短期的比较静态的分析方法，因此从有效需求不足出发，只考察了投资在增加总需求方面的作用。实际上，投资一旦形成，就能形成新的生产能力，增加总供给，在这方面，凯恩斯未予以考察。哈罗德—多马模型沿袭了凯恩斯的均衡分析方法，以储蓄等于投资这一基本公式为依据，把分析方法长期化、动态化，考察长期内社会经济实现均衡增长所需要的条件，提出在一定的假设条件下，经济增长中三个变量即储蓄率也就是储蓄在国民收入中所占比例（s）、资本—产出比（v）、有保证的经济增长率（G_W）三者的关系应为：$G_W = s/v$。因此，哈罗德的模型不仅考虑了投资对总需求的作用，而且从长期的、动态的角度，考虑了收入增加后对投资的加速作用。

哈罗德的增长模型 $G = s/v$ 亦可进行如下变化：

由于 $G = \Delta Y/Y$，$s = S/Y$，$v = I/\Delta Y$

所以 $\Delta Y/Y = (S/Y)/(I/\Delta Y)$

$I = S$

这正是凯恩斯有效需求理论中的基本公式：储蓄等于投资。可见，哈罗德的模型是以凯恩斯理论为基础的。

2. 答：实际增长率、有保证的增长率和自然增长率分别是哈罗德增长模型中研究经济实现充分就业下的均衡增长所必需的条件时区分的三种不同的经济增长概念。

实际增长率（G_A），是指实际上实现了的产出增长率，它取决于有效需求的大小，即一定资本产量比下的社会实际储蓄率。它的公式为：$G_A = s/v$，v 是资本的实际变化量与国民收入的实际变化量的比率。

有保证的增长率（G_W），是指在储蓄率 s 和资本产量比 v 既定的条件下，为使储蓄全部转化为投资所需要的产出增长率。它由储蓄率和厂商合意的资本产量比决定，$G_W = s/v_r$，v_r是企业家意愿中所需要的资本产量比。

自然增长率（G_N），是指长期中人口增长和技术进步等因素变化后所能达到的最大可能实现的增长率，它是由劳动力和技术水平所决定的。$G_N = n$。

经济中实现充分就业的均衡增长，需满足 $G_A = G_W = G_N$。但由于三种增长率由各不相同的因素所决定，因此实际中很难达到三者相等的情况。这时社会经济可能出现下列情况：

（1）如果 $G_A > G_W$，说明社会总需求超过厂商所合意的生产能力，这时，厂商将增加投资，投资的增加在乘数作用下使实际增长率更高，显得资本存量更不足，因此，其结果是需求膨胀，引起经济累积性持续扩张；如果 $G_A < G_W$，说明社会总需求不足，

厂商拥有的资本过剩，这时，厂商将削减投资，由于乘数作用，实际增长率更低，显得资本更过剩，结果是收入下降，经济持续收缩。

（2）如果 $G_W>G_N$，说明储蓄和投资的增长率超过了人口增长和技术水平条件所能允许的程度，增长受劳动力不足和技术条件的限制，出现资本闲置，因此，厂商将削减投资，引起经济的长期停滞；如果 $G_W<G_N$，说明储蓄和投资的增长率未达到人口增长和技术水平条件所要求的水平，因劳动力过多而使工资低廉，因此，刺激经济形成长期高涨。

$G_W=G_N$时，才能在既定的技术水平下，实现充分就业，否则将使经济处于长期的失业或通货膨胀。当 $G_A=G_W=G_N$时，可实现充分就业的均衡增长，这是一种最为理想的经济增长状态。

3. 答：新古典经济增长是在生产的规模报酬和劳动力的增长比率不变的假设条件下，研究资本与储蓄之间的关系。模型的基本方程为：$\Delta k=sy-(n+\delta)k$（式中，k 为人均资本，Δk 为人均资本的增加量，s 为储蓄率，y 为人均产量，sy 为人均储蓄，n 为劳动力的增长率，δ 为折旧率）。这一关系式表明，人均资本的增加等于人均储蓄减去 $(n+\delta)k$ 项。$(n+\delta)k$ 项被称为资本的广化，它可以这样来理解：一方面，一定量的人均储蓄必须用于装备新工人，这一用途的储蓄为 nk；另一方面，一定量的储蓄必须用于替换折旧资本，这一用途的储蓄为 δk。人均储蓄超过 $(n+\delta)k$ 的部分则导致了人均资本的上升，即 $\Delta k>0$ 被称为资本的深化。因此，新古典增长模型的基本方程可以表述为：资本深化=人均储蓄-资本广化。

新古典增长理论展示了一个稳定的动态增长过程，即当经济偏离稳定状态时，无论人均资本过多还是过少，都存在着某种力量使其恢复到长期的均衡。新古典增长理论提出，要实现稳态，即 $\Delta k=0$，其条件是：人均储蓄正好等于资本的广化，即 $sy=(n+\delta)k$。

新古典增长理论从 20 世纪 60 年代到 80 年代中期一直都在经济增长的研究中占据主导地位，但随着时间推移，逐渐暴露了一些不足和缺陷。理论方面来说，其假定的经济中生产函数具有规模报酬不变的性质，往往与事实不符。因为，对大多数工业化国家来说，少量的生产投入可能带来大量的产出，而一些发展中国家由于自身条件及政府政策失误等原因有可能出现规模报酬递减。同时，此理论中，稳态增长率是外生的，无法对劳动力增长率和技术进步率做出解释，因而也就对控制人口增长率，提高技术进步速度提不出相应的政策建议。在解释现实方面，新古典经济理论也碰到了很大的麻烦，其得出的“不同国家的经济增长具有趋同性”的结论，显然与现实中的“各国之间存在着增长率上的较大差异”相悖。因此，20 世纪 80 年代中后期以来，逐步形成了流行于西方的“新经济增长理论”。

4. 答：经济增长是一个复杂的经济和社会现象。影响经济增长的因素很多，西方许多学者都非常重视对此的研究，其中以丹尼森和库兹涅茨对经济因素的分析最为著名。

（1）丹尼森把经济增长因素分为两大类：生产要素投入量和生产要素生产率。其中要素投入量包括劳动、资本和土地的投入；要素生产率即单位投入量的产出量，包括资源配置状况、规模经济和知识进展。丹尼森进而把影响经济增长因素归结为六个：劳动、资本存量的规模、资源配置状况、规模经济、知识进展、其他影响单位投入产量的因素。丹尼森通过对各个增长因素所作贡献的量的分析，来比较长期经济增长中各个因素的相对重要性，并得出结论：知识进展是发达国家最重要的增长因素，而且管理知识与技术知识进步的重要性是相同的，这对于我们今天的经济增长具有很大的现实意义。

（2）库兹涅茨认为，经济增长的因素，一是知识存量的增加。当这种存量被利用的时候，它就成为现代经济。这给我们以启示，即要使知识转化为现实的生产力，就要求不断地发现、发明、革新、改良。二是劳动生产率的提高。库兹涅茨得出结论，以人均产值高增长率为特征的现代经济增长的主要原因是劳动生产率的提高。三是结构的变化。库兹涅茨对经济增长因素的分析与丹尼森分析的不同之处是他重视结构因素对经济增长的贡献，他认为，发达的资本主义国家在它们增长的历史过程中，经济结构转变迅速。

（四）计算题

1. 解：（1）已知 $s = 0.3$，$n = 3\%$，当经济均衡增长时，$sf(k) = nk$

所以，$0.3(2k - 0.5k^2) = 0.03k$，得 $k = 3.8$

（2）按黄金分割律要求，对每个人的资本量的选择应使得资本的边际产品等于劳动的增长率，即 $f'(k) = n$

因此，$2 - k = 0.03$，得 $k = 1.97$

2. 解：收入的增长率等于社会储蓄倾向与资本产量比的比率，$G = s/v = 0.12/3 = 0.04 = 4\%$

3. 解：增长速度 $G = s/v$，因此，资本产量比 $v = s/G = 0.2/0.04 = 5$

4. 解：已知 $Y = 1\ 000$，$C = 800$，则

储蓄率 $s = (Y-C)/Y = (1\ 000-800)/1\ 000 = 20\%$

为使该年 200 亿美元的储蓄全部转化为投资，第二年的有保证的增长率应为：

$G_W = s/v = 20\%/4 = 5\%$

5. 解：根据哈罗德增长模型，增长率 $G = s/v$

由题意，当产出年增长为 $G_1 = 5\%$时，储蓄率 $s_1 = G_1 v = 5\% \times 4 = 20\%$

当产出年增长为 $G_2 = 7\%$时，储蓄率 $s_2 = G_2 v = 7\% \times 4 = 28\%$

即为使年增长率从 5%提高到 7%，在资本产量比不变的条件下，储蓄率应相应从 20%提高到 28%。

6. 解：按照哈罗德增长模型，当 $G = G_W$时，经济活动实现均衡增长；当 $G = G_N$时，经济活动达到充分就业水平。只有当 $G = G_W = G_N$时，经济活动才实现充分就业的均衡增长。

在本题中，由题意可推知，储蓄率 $s = 1 - 0.8 = 0.2 = 20\%$

这时，有保证的增长率 $G_W = s/v = 20\%/4 = 5\%$

又已知自然增长率 $G_N = 6\% > G_W$，根据哈罗德增长模型，当 $G_N > G_W$时，储蓄不足导致利率上升，引起使用资本的成本上升，促使厂商以更多的劳动力替代资本的使用，由于资本使用量的减少，资本产量比下降。这种调整过程一直进行到资本产量比为：

$v = s/G_N = 20\%/6\% = 10/3$

此时，$G_W = s/v = 20\% \times 3/10 = 6\% = G_N$

经济实现充分就业的均衡增长。

7. 解：实际产出增长率与资本和劳动取得的增长率两者的差额即为因要素生产率的提高而取得的增长率，即因技术进步，提高了要素生产率而对经济增长所作的贡献。

技术进步对经济增长的贡献为：$0.06-(0.3\times 0.04+0.7\times 0.02)=0.032=3.2\%$。